Zur Beurtheilung

des

Entwurfs eines bürgerlichen Gesetzbuchs

für das Deutsche Reich.

Von

Dr. O. Bähr.

(Besonderer Abdruck aus der „Kritischen Vierteljahresschrift für Gesetzgebung und Rechtswissenschaft“ herausgegeben von M. Seydel. Band 11, Heft 3 und 4.)

München.
Druck und Verlag von R. Oldenbourg.
1888.

Noch nie ist der literarischen Kritik, welcher diese Zeitschrift gewidmet ist, eine so hohe Aufgabe gestellt gewesen, wie die, welche in der Besprechung des vorbezeichneten Entwurfs sich ihr eröffnet. Nach Inhalt der Vorrede ist die Veröffentlichung des Entwurfs vom Bundesrathe beschlossen worden. „Es kann nur willkommen sein", wird hinzugefügt, „wenn nicht bloß die Vertreter der Rechtswissenschaft und die zur Rechtspflege Berufenen, sondern auch die Vertreter wirthschaftlicher Interessen von demselben Kenntnis nehmen und mit ihren Urtheilen und Vorschlägen zur Verwerthung für die weitere Beschlußfassung über den Entwurf hervortreten". Gleichwohl muß der, welcher es unternimmt, den Entwurf vom rechtswissenschaftlichen Standpunkte zu besprechen, sich von vornherein sagen, daß an seine Arbeit nur geringe Hoffnungen eines Erfolges sich knüpfen. Die Bundesrathscommission, wenn sie auch bereitwilligst solche Arbeiten entgegennimmt, wird doch, nach menschlichen Verhältnissen bemessen, kaum sich im Stande fühlen, an dem so lange berathenen Entwurf noch erhebliche Aenderungen eintreten zu lassen. Bei allen übrigen Factoren, welche bei dem Zustandekommen des Gesetzbuchs mitzuwirken haben, wird man aber an den dabei in Betracht kommenden rechtswissenschaftlichen

Fragen (diesen Begriff im engeren Sinne genommen) nur ein geringes Interesse voraussetzen dürfen. Mit dem vollen Gefühle der hierdurch gebotenen Entsagung bin ich an diese Arbeit getreten, die ich wohl gar nicht unternommen haben würde, wenn mir nicht von verschiedenen fachgenossenschaftlichen Seiten Aufforderungen dazu zu Theil geworden wären. So glaube ich damit ein letztes Stück Beruf zu erfüllen.

Der vorliegende Entwurf ist, wie dies nicht anders zu erwarten war, mit großer Sorgfalt gearbeitet. Man ist sichtlich bemüht gewesen, die Fehler, die man in anderen Codificationen wahrgenommen hat, thunlichst zu vermeiden. Der Umfang des Gesetzes ist im Verhältnis zu dem zu bewältigenden Stoff ein mäßiger. Daß man absterbende Rechtsinstitute (z. B. das Lehenrecht) in die Bearbeitung nicht mit aufgenommen hat, erklärt sich von selbst und ist gewiß nur zu billigen. Ueber die Weglassung anderer, in voller Geltung befindlicher Lehren und Rechtsinstitute (z. B. der Lehre von dem Verhältnis von Wohnsitzrecht und Heimathrecht, des Gutsansatzvertrags, des Versicherungsvertrags, des Verlagsvertrags u. s. w.) wird vielleicht das noch zurückstehende Einführungsgesetz Aufklärung bringen.

Eine erfreuliche Kürzung des Entwurfs ist damit erreicht worden, daß man manche Bestimmungen über absonderliche Verhältnisse, die, weil das römische Recht sie enthielt, auch in die modernen Gesetzbücher aufgenommen worden sind, weggelassen hat. Wir finden nichts darin über Zwitter und Mißgeburten, über die muthmaßliche Lebensdauer, über die Vermuthung des früheren oder späteren Todes bei gleichzeitigem Untergange, über den Trödelvertrag u. s. w. Man hat sicherlich wohl daran gethan, mit solchen amoenitates juris aufzuräumen.

Wesentlich zur Kürzung des Entwurfes trägt es ferner bei, daß sehr häufig in dem einen Paragraphen auf andere, oft weitabliegende Paragraphen Bezug genommen wird, welche auch an dieser Stelle entsprechende Anwendung finden sollen. Grundsätzlich ist diese gesetzgeberische Methode gewiß nur zu billigen, wenn auch nicht zu leugnen ist, daß dadurch das Studium des Gesetzes sehr erschwert wird. Vielleicht wird man zur Erleichterung des Gebrauchs demnächst Ausgaben veranstalten, in welchen die angezogenen Paragraphen jedesmal der bezugnehmenden Stelle unmittelbar angedruckt sind.

Die Sprache des Entwurfs ist mit unverkennbarer Sorgfalt behandelt. Sie ist kurz und bestimmt. Leichtflüssig ist sie freilich nicht. Mitunter glaubt man unser geliebtes Deutsch unter der Last des juristischen Ausdruckes schwer seufzen zu hören. Indessen wird man daraus dem Entwurf keinen Vorwurf machen, wenn man die Schwierigkeiten würdigt, die zu überwinden sind, um den vielgestaltigen Rechtsgedanken in unser Paragraphendeutsch hineinzuzwängen. Wenn das preußische Landrecht und der Code civil eine weit einfachere und natürlichere Sprache reden, so erkaufen sie diesen Vorzug dadurch, daß sie weit mehr auf der Oberfläche bleiben. Die oft sehr theoretisch klingenden Sätze des Entwurfs sind die Folge des Strebens, Casuistik zu vermeiden. Je mehr das Gesetz sich von den concreten Erscheinungen des Lebens fernhält, um so mehr ist es genöthigt, sich in abstracten, lehrbuchmäßig klingenden Sätzen zu bewegen. Natürlich wird dadurch auch die Gefahr gesteigert, daß sich die Sätze von dem praktischen Boden des Lebens entfernen. Volles Lob verdient der Entwurf darin, daß er bemüht ist, durchweg deutsch zu reden. Von seinen neuen Wortbildungen sind viele recht glücklich gewählt und werden sich ohne Mühe in unserer Sprache einbürgern, während andere (z. B. „der Elterntheil") wohl schwer allgemeinen Eingang finden werden.

Volksthümlich, d. h. in der Art brauchbar, daß man im Volke selbst das Recht daraus studiren könnte, wird das Gesetz, trotz seiner deutschen Sprache, niemals werden. Dazu ist es viel zu schwer verständlich. Aber auch hieraus ist dem Entwurf kein Vorwurf zu machen. Es ist eine Täuschung, wenn man glaubt, in diesem Sinne ein volksthümliches Recht schaffen zu können. Unser Recht ist ein viel zu feiner und verwickelter Organismus, als daß es möglich wäre, dessen Aufbau und inneren Zusammenhang gemeinverständlich zn machen. Es muß genügen, in dem Sinne ein volksthümliches Recht zu schaffen, daß dessen Ergebnisse dem im Volke lebenden Rechtsbewußtsein entsprechen, mindestens nicht widersprechen.

Auch darin würde, glaube ich, eine Täuschung liegen, wenn man glaubte, daß durch dieses in unserer Sprache abgefaßte Gesetzbuch eine größere Rechtssicherheit werde herbeigeführt werden. Allerdings werden durch dasselbe viele Zweifel, die jetzt in unserem Rechtsleben obwalten, sich erledigen. Noch weit mehr Zweifel aber werden durch die neue Formulirung der Rechtsgedanken wachgerufen werden. Ich wage vorauszusagen, daß für das erste Menschenalter der Geltung des Gesetzes die Processe sich erheblich vermehren, vielleicht verdoppeln werden. Auch hieraus ist dem Entwurf kein Vorwurf zu machen. Es liegt in der Natur der Dinge.

Dem Entwurf sind Motive beigegeben, welche ein sehr umfassendes, nicht überall gleichwerthiges wissenschaftliches Material enthalten. Bei der Kürze der Sprache, welcher sich der Entwurf befleißigt, sind diese Motive öfters unentbehrlich für das Verständnis desselben. Sie erläutern den Entwurf nicht nur in seinem positiven Inhalte, sondern erklären auch die Negativen desselben, d. h. diejenigen Punkte, in welchen der Entwurf mit den Bestimmungen des bisherigen Rechts dadurch brechen will, daß er sie einfach wegläßt. Gegenüber der vorwiegend theoretischen Färbung des Entwurfs wäre es sehr erwünscht gewesen, wenn die Motive etwas minder theoretisch gehalten wären und namentlich durch Aufstellung lebendiger Beispiele klar gestellt hätten, wie die allgemein gehaltenen Sätze des Entwurfs praktisch gedacht seien. In dieser Beziehung lassen jedoch die Motive viel zu wünschen übrig. Haben nun auch, wie in der Vorrede bemerkt ist, die Motive einer Prüfung und Genehmigung der Gesammtcommission nicht unterlegen, und mögen dieselben auch wohl, wie ich vermuthe, nur der Feder von Hilfsarbeitern entstammen, so werden sie doch voraussichtlich für die Anwendung des Gesetzes eine diesem selbst fast gleichkommende Bedeutung gewinnen. Darnach wird sich rechtfertigen, wenn eine wissenschaftliche Besprechung die Motive nicht minder, wie den Text des Entwurfs selbst, in den Bereich ihrer Betrachtung zieht.

Gehen wir auf den materiellen Inhalt des Entwurfes ein, so muß ich, um mich hier verständlich zu machen, zunächst auf einen Gegensatz hinweisen, der unser Recht beherrscht, indem er durch dieses eine zwar nicht scharf abgrenzende, aber immerhin erkennbare Scheidelinie zieht. Ich meine den Gegensatz zwischen den Rechtsvorschriften positiver Natur und den Rechtsvorschriften, welche nur das entwickeln wollen, was in der Natur der Sache liegt. Es sei erlaubt, jene Vorschriften positives Recht, diese wissenschaftliches Recht zu nennen. Zur allgemeinen Charakterisirung will ich nur das anführen, daß jene ein weit größeres Maß von Willkür in sich tragen, während diese durch innere Nothwendigkeit — die freilich richtig erfaßt sein will — bestimmt werden. Vorschriften, welche auf dem erstern Gebiet fehlgreifen, kann man unzweckmäßig und ungerecht finden. Fehlerhafte Vorschriften auf dem letztern Gebiet sind mehr als das; sie sind falsch [1]).

Auf dem Gebiet des Positiven enthält nun der Entwurf viel Werthvolles. Gerade auf diesem Gebiet sind manche Vorschriften des römischen Rechts veraltet und entsprechen nur noch unvollkommen den Bedürfnissen des heutigen Lebens. Aber auch die betreffenden Vorschriften des preußischen Landrechts, des französischen Rechts und der übrigen deutschen Particulargesetze sind vielfach der Verbesserung und Ergänzung fähig. Unzweifelhaft wird der Entwurf, wenn er ins Leben tritt, schon dadurch, daß er die

[1]) Ich habe diesen Gegensatz schon früher einmal entwickelt (vgl. die von mir herausgegebenen „Urtheile des Reichsgerichts mit Besprechungen" S. 10 f.) und darf wohl hier darauf Bezug nehmen. Irre ich nicht, so ist es der nämliche Gegensatz, den Savigny im Sinne hat, wenn er zwischen „politischen und technischen Bestandtheilen unserer Gesetzbücher" unterscheidet (Beruf unserer Zeit ꝛc. S. 12, 46).

gerade auf diesem Gebiete oft schmerzlich vermißte Einheit schafft, als ein Fortschritt empfunden werden. Freilich darf man nicht glauben, daß, wenn auch im Bereich dieser Bestimmungen eine relativ größere Willkür herrscht, deshalb es gleichgültig wäre, wie im Einzelnen die Bestimmungen getroffen sind. Die Bestimmungen können zweckmäßig und unzweckmäßig sein; sie können als gerecht und minder gerecht empfunden werden.

Für Fragen dieser Art wird aber auch das allgemeine Verständnis und Interesse nicht fehlen, und die öffentliche Stimme wird mehr oder minder Einfluß auf deren endgültige Entscheidung üben. So wird es z. B. gewiß das allgemeine Interesse auf sich ziehen, daß der Entwurf unter den Ehescheidungsgründen unheilbaren Wahnsinn ausschließt. Die Gestaltung der ehelichen Güterrechte, namentlich die Frage, ob es sich rechtfertige, das ausschließliche Recht des Ehemannes auf Erwerb des Ehegutes als das normale eheliche Güterrecht aufzustellen, wird sicherlich die öffentliche Aufmerksamkeit auf sich ziehen. In den Gebieten des preußischen Landrechts und des französischen Rechts, wo man längst mit dem Satz „Kauf bricht Miethe" gebrochen hatte, wird man gewiß in weiten Kreisen die Frage stellen, ob denn die Rückkehr zu diesem Satze, welche der Entwurf will, gerechtfertigt sei.

Anders bei denjenigen Theilen des Entwurfs, welche dem Gebiet des wissenschaftlichen Rechts angehören. Auch hier muß zuvörderst lobend anerkannt werden, daß der Entwurf eine gewisse Enthaltsamkeit übt. Er unterläßt manche Begriffsbestimmungen oder Vorschriften aufzustellen, welche wir in anderen Gesetzbüchern finden, und zwar, wie die Motive ergeben, in der bewußten Absicht, dadurch der freien Wissenschaft größeren Raum zu lassen. Freilich aber hat man, um der Aufgabe einer Codification zu genügen, doch im Allgemeinen nicht umhin gekonnt, die auf diesem Gebiet liegenden Lehren umfassend in das Gesetzbuch einzureihen. Hier ist nun der Entwurf bemüht gewesen, die Lehren dem heutigen Stande der Wissenschaft entsprechend zu gestalten. Und da seit Anfang dieses Jahrhunderts die wissenschaftlichen Fortschritte fast ausschließlich auf gemeinrechtlichem Gebiete gelegen haben, so hat auf diesen Theil des Entwurfs die gemeinrechtliche Wissenschaft den größten Einfluß geübt. In diesen seinen Bestandtheilen nimmt sich daher der Entwurf gewissermaßen wie ein „kleiner Windscheid“ aus, der sich von dem großen nur dadurch unterscheidet, daß dieser bisher noch der freien wissenschaftlichen Thätigkeit und Forschung neben sich Raum ließ, während jener mit seinen Paragraphen die Wissenschaft ein für alle Mal abschließt.

Je nach dem Maße, in welchem dieser wissenschaftliche Aufbau gelungen ist, wird in Zukunft die Stufe sich feststellen, über welche die deutsche Rechtswissenschaft nicht mehr hinaus kann. Die Höhe dieser Stufe wird aber nicht bloß für die praktische Handhabung dieser Theile des Entwurfs von Bedeutung sein, sondern weit darüber hinaus ihren Einfluß üben. Verfehlte Lehren dieser Art würden das juristische Denken vergiften, das natürliche Rechtsgefühl des Juristenstandes zerstören, und damit die Quelle verschütten, aus welcher die Kraft unserer Rechtsprechung fließt. Deshalb sind diese Theile des Entwurfs nicht minder wichtig, ja vielleicht noch wichtiger, als die übrigen. Gerade sie entziehen sich nun aber dem allgemeinen Verständnis und dem allgemeinen Interesse. Die öffentliche Stimme hat auf sie keinen Einfluß. Nur die Wissenschaft kann den bescheidenen Versuch machen, auf vorhandene Mängel hinzuweisen.

Die nachfolgende Besprechung des Entwurfs nimmt nicht entfernt in Anspruch, eine erschöpfende zu sein. Wer wollte sich wohl vermessen, dieses Werk, an welchem 13 Jahre lang gearbeitet worden ist, schon jetzt in allen seinen Einzelheiten überblicken und deren Folgen berechnen zu können? Vollends wäre eine umfassende Kritik der Motive eine unlösbare Aufgabe. Meine Besprechung greift daher nur einzelne Punkte, wie sie mir gerade aufgefallen sind, heraus. Wenn dabei vorzugsweise solche Punkte in Betracht gezogen sind, welche dem wissenschaftlichen Rechte (in dem obigen Sinne) angehören, so mag dies in der vorstehenden Darlegung seine Rechtfertigung finden. Auch wird man mir wohl nicht verargen, wenn ich dabei mehrfach Fragen berühre, die ich selbst schon früher zum Gegenstande wissenschaftlicher Bearbeitung gemacht hatte. Viele solche Fragen sind zu meiner Freude in dem Entwurfe ganz so behandelt worden, wie ich es seinerzeit vertreten hatte. Bei andern aber sind die von mir als Irrungen oder Unklarheiten bekämpften Lehren mehr oder minder in den Entwurf übergegangen. Ich darf wohl nochmals versuchen, hier, gewissermassen in letzter Instanz, meine Ueberzeugung zur Geltung zu bringen. Ich würde es nicht thun, wenn ich nicht in diesen Fragen mich völlig sicher fühlte.

Indem ich nun zur Besprechung dieses Entwurfs in seinen einzelnen Bestimmungen übergehe, bemerke ich noch, daß sich ja über manche der zu besprechenden Fragen unendlich viel sagen ließe. Es ist aber mein Bestreben gewesen, mich überall möglichst kurz zu fassen.

Zu §§ 1, 2, 49.

Man wird vielleicht erwarten, daß ich vor allem die grundlegenden Aussprüche der §§ 1 und 2 des Entwurfs — daß nur die Vorschriften dieses Gesetzbuchs das bürgerliche Recht fortan bestimmen, in Ermanglung solcher Vorschriften aber nur die aus dem „Geiste der Rechtsordnung" sich ergebenden Grundsätze, mit Ausschluß alles Gewohnheitsrechts, maßgebend sein sollen — zum Gegenstand einer Besprechung machen werde. Indessen sind jene Aussprüche nur die Consequenz davon, daß man eben eine Codification gewollt hat. Wie nun jene Aussprüche zur Verwirklichung kommen werden und wie überhaupt eine solche Codification auf das ganze Rechtsleben der Nation wirken wird, das sind so tiefgreifende Fragen, daß sie nicht mit wenigen Worten abgethan werden können. Eine solche Besprechung halte ich deshalb hier für nicht am Platze.

Die Ablehnung des Gewohnheitsrechts will ich nur in einem Punkte besprechen, der durch die Motive seine besondere Erläuterung findet.

Die Motive (S. 10) lehnen, neben dem Gewohnheitsrecht im Allgemeinen, auch den „Begriff der Observanz und des Herkommens“ ab, weil derselbe zu vieldeutig und unbestimmt sei, was mit einer Anmerkung gerechtfertigt wird, welche die über diese Begriffe herrschende Verwirrung darstellt. Nochmals taucht die Frage auf bei der Lehre von den juristischen Personen. Auch hier wird (S. 94 der Motive) die „Observanz“ als Rechtsquelle abgelehnt. Gewöhnlich verstehe man darunter eine stillschweigende Satzung. Dafür, daß eine solche zulässig sei, und ebenso für die Zulässigkeit der stillschweigenden Aenderung einer bestehenden Satzung, sei eine Vorschrift nicht nöthig.

Die herrschende Unklarheit über die Bedeutung des Herkommens hängt damit zusammen, daß man sich nicht bewußt ist, wie durch unser gesammtes Recht ein gewisser Gegensatz sich hinzieht. Es scheidet sich nämlich das Recht der Individuen von dem Rechte der organischen Verbindungen, welche je in ihrem inneren Leben von einem eigenthümlichen Rechte beherrscht werden. Das Recht der Individuen behandeln wir im Privatrecht. Das Recht der organischen Verbindungen sehen wir zum großen Theil als ein dem Privatrecht entgegengesetztes Rechtsgebiet an und behandeln es in besonderen Disciplinen: Staatsrecht, Kirchenrecht, Gemeinderecht u. s. w. Theilweise ziehen wir aber auch dieses Recht in das Privatrecht hinein, indem wir hier die juristischen Personen behandeln, und zwar nicht bloß in ihrer äußeren Stellung als privatrechtliche Rechtssubjecte, sondern auch in Beziehung auf ihr inneres Leben, dessen Regelung eben jenem eigenthümlichen Rechtsgebiete angehört. So verfährt auch der Entwurf, indem er für das innere Leben der juristischen Personen Regeln aufstellt.

Auf dem Gebiete dieses, das innere Leben der organischen Verbindungen regelnden Rechts übt nun, neben der ausdrücklichen Satzung, auch das Gewohnheitsrecht seine Wirksamkeit aus. Wir nennen es hier aber Observanz oder zu deutsch Herkommen. Wenn die Motive meinen, das sei ja nur eine stillschweigende Satzung, die man ignoriren könne, so halte ich dieses für eine unrichtige

Auffassung der Sache. Wäre sie richtig, so könnte man auch das Gewohnheitsrecht ein stillschweigendes Gesetz nennen. Für neu entstehende Körperschaften, welche ihre inneren Verhältnisse durch Statut regeln, wird allerdings das „Herkommen" nur eine geringe Bedeutung als Rechtsquelle haben. Es wird vorzugsweise für die Auslegung und Ergänzung der Statuten in Betracht kommen. Es gibt aber auch ältere Körperschaften (Genossenschaften), deren inneres Leben wesentlich, vielleicht sogar ausschließlich, durch das Herkommen geregelt wird. Daß auch für das Recht der Stiftungen das Herkommen von Bedeutung werden kann, ergibt die Entscheidung des RG. Bd. 1. 38 (vgl. dazu meine Besprechung in den „Urtheilen des RG." Nr. IV). Meiner Ansicht nach wäre es Aufgabe des Gesetzbuchs, den Begriff des Herkommens, gerade weil darüber in der zeitigen Rechtswissenschaft viel Unklarheit herrscht in der vorgedachten Bedeutung klar zu stellen und dessen Anwendung zu sichern. Streicht das Gesetzbuch das Herkommen unter den gangbaren Rechtsbegriffen, so wird dadurch unsere Wissenschaft um einen unentbehrlichen Begriff ärmer.

Zu S. 16 und 17 der Motive.

Es ist gewiß nur zu billigen, wenn der Entwurf es ablehnt, für die Auslegung und analoge Anwendung der Gesetze Regeln aufzustellen. Nur möchte ich den Zweifel erheben, ob nicht eine Art ausdehnender Anwendung des Gesetzes Erwähnung finden müßte. Ich meine die Anwendung von Verbotsgesetzen auf solche Handlungen, die zwar direct dem Verbote nicht widerstreiten, die aber zu dessen Umgehung dienen (Handlungen in fraudem legis). Es kann noch heute vorkommen, daß, um ein Gesetz seinem wahren Sinne nach aufrecht zu erhalten, solchen Handlungen entgegengetreten werden muß. Andrerseits ist der Sinn für diese Art von Gesetzesanwendung bei uns sehr gesunken. Das ergeben die von mir in den „Urtheilen des RG." Nr. IX besprochenen Rechtsfälle, wo unzweifelhaft eine Umgehung des Gesetzes vorlag, keines der Urtheile aber diesen Gesichtspunkt vollkommen erfaßte. Läßt nun das Gesetzbuch diese in der Praxis ohnehin schon verkümmerte Lehre unberührt, so wird sie wahrscheinlich ganz von der Bildfläche verschwinden. Die Rechtsprechung wird damit eine geistige Stufe herabsteigen.

Zu §§ 49 und 61.

Der Entwurf will die Frage, wem das Vermögen erloschener Körperschaften und Stiftungen, über welches keine statutarische Bestimmung getroffen ist, zufalle, den Landesgesetzen überlassen. Wie nun aber, wenn auch die Landesgesetze darüber schweigen? Für diesen Fall kann man sogar aus Abs. 2 des § 49 herauslesen, daß das Vermögen als herrenloses Gut dem Fiscus zufallen solle. Meiner Ansicht nach wäre es Aufgabe des Entwurfs, gerade hier eine Bestimmung zu treffen, namentlich auch zu dem Zwecke, um etwaigen abweichenden Bestimmungen der Landesgesetze entgegenzutreten. Ich halte im Wesentlichen das für der Gerechtigkeit entsprechend, was schon das preußische Landrecht (Th. II Tit. 6 § 189 ff.) bestimmt. Kann eine Stiftung für den ihr gegebenen Zweck nicht fortbestehen, so hat der Staat nicht das Vermögen für sich einzuziehen, sondern es erwächst ihm die Pflicht, dem Vermögen eine dem bisherigen Stiftungszwecke möglichst nahe stehende stiftungsartige Verwendung zu geben. Eine Bestimmung in diesem Sinne enthielt unter anderem auch die kurhessische Verfassungsurkunde von 1831 § 138. Bei Körperschaften, die gemeinnützigen Zwecken dienen, hat das angesammelte Vermögen einen doppelten Charakter. Soweit es aus den Beiträgen der noch der Körperschaft angehörenden Mitglieder entstanden ist, sind diese bei Auflösung der Körperschaft ohne Zweifel in erster Linie berechtigt, dasselbe zurück zu nehmen. Soweit ein überschüssiges (aus Beiträgen früherer Mitglieder oder aus anderen Bezugsquellen angesammeltes) Vermögen vorhanden ist, nimmt dieses die Natur eines für die Zwecke der Corporation bestimmten Stiftungsvermögens an, und dem Staat fällt deshalb die Pflicht zu, für eine stiftungsähnliche Verwendung dieses Vermögens zu sorgen. Die Lehre, daß der Fiscus erloschene Körperschaften und Stiftungen beerbe, ist eine unberechtigte Fiscalität.

Zu § 75.

Es liegt kein Grund vor, die Mittheilung einer Willenserklärung durch den Gerichtsvollzieher auf den Fall zu beschränken, wo Jemand zur Entgegennahme der Erklärung verpflichtet ist. Es kann auch in andern Fällen von Interesse sein, sich den Beweis der Zustellung einer Willenserklärung zu sichern. Und wer soll über das Vorhandensein jener Bedingung entscheiden? Der Gerichtsvollzieher? Und wenn dieser nun außer dem gedachten Falle die Zustellung einer Willenserklärung bewirkt, gilt alsdann die Willenserklärung nicht? Schon diese sich ergebenden Schwierigkeiten beweisen, daß es sich nicht empfiehlt, jene Bedingung zu stellen. Gegen Mißbrauch jener Mittheilungsweise schützt schon der Umstand, daß dieselbe mit Kosten verknüpft ist. Selbstverständlich würde auch der Gerichtsvollzieher zu widerrechtlichen Mittheilungen (z. B. Insinuation von Beleidigungen) seine Hilfe zu versagen haben.

Fragen ließe sich, ob nicht etwa eine Vorschrift sich empfehle, wonach derjenige, welcher zur Entgegennahme einer Erklärung verpflichtet ist, dieselbe gegen sich gelten lassen müsse, wenn er sich absichtlich der Entgegennahme entzieht. (In einem mir erinnerlichen Processe erklärte ein Handelsmann, daß er in der Regel „eingeschriebene Briefe“ nicht annehme, weil er dadurch in eine schlechtere Geschäftslage komme.)

Zu § 69.

Trotz der Ausführung der Motive würde ich es für Gerechtigkeit halten, wenn eine Bestimmung etwa folgenden Inhalts aufgenommen würde:

> Ein Minderjähriger, welcher zur Vorbereitung für seinen Beruf oder zu einem ähnlichen Zwecke mit Zustimmung seines gesetzlichen Vertreters eine selbständige Lebensstellung ausübt, gilt zu allen Rechtsgeschäften für ermächtigt, welche als in ordnungsmäßiger Ausübung dieser Lebensstellung eingegangen sich darstellen.

Diejenigen, welche Studirenden ihren Unterhalt creditirt haben, auf die „Bereicherungsklage“, die „Geschäftsführungsklage“ oder ähnliche künstliche Behelfe zu verweisen (S. 146 der Motive) halte ich für eine ungemeine Härte. Andrerseits halte ich die S. 147 geschilderten Gefahren für übertrieben. Ein Fall der Art, daß ein Student mehrere Mittagstische belegt hätte, während er doch nur an einem essen konnte, und daß er dann alle hätte bezahlen sollen, ist mir niemals vorgekommen. Eher ließe sich vielleicht denken, daß er bei mehreren Schneidern sich Röcke bestellte, um die überflüssigen sofort zu verkaufen und sich dadurch Geld zu verschaffen. Aber auch solche Fälle sind doch so wenig angezeigt, daß das Gesetz darauf keine Rücksicht nehmen sollte. Gäbe es wirklich Studirende, welche in dieser Weise verführen, dann wäre es immer noch gerechter, wenn der leichtsinnige Student, bezw. seine Eltern den Schaden trügen, als der Gewerbtreibende, der ihm im besten Glauben creditirt hat. Die Motive scheinen mir allzusehr vom Standpunkt der besorgten Eltern geschrieben, welche nicht gerne für ihre leichtsinnigen Söhne aufkommen möchten.

Die Frage hat übrigens eine andere Frage zur Parallele. Nach § 1278 (übereinstimmend mit dem bestehenden Rechte) gilt die Ehefrau zu allen innerhalb ihres häuslichen Wirkungskreises vorgenommenen Rechtsgeschäften als vom Ehemann ermächtigt. Nun wäre es ja auch hier denkbar, daß die Frau mittels dieser Ermächtigung leichtsinnige Geschäfte machte; z. B. Lebensmittel in zehnfachem Betrage des Haushaltsbedürfnisses ankaufte, um sie wieder für Luxuszwecke zu verkaufen. Wird man nun deshalb die Haftbarmachung des Ehemannes aus solchen Geschäften verneinen wollen?

Zu §§ 78 und 91.

Beide Absätze des § 78 in ihrem negativen Inhalt sind ohne Zweifel zu billigen. Es läßt sich aber fragen, ob man nicht positiv die Schranke noch enger zu ziehen habe. Nicht bloß über die einzelnen Theile, sondern auch über das Vertragsganze müssen die Betheiligten sich geeinigt haben, wenn der Vertrag als geschlossen gelten soll. Dies kommt namentlich in Betracht, wenn über die einzelnen Theile eines Vertrags mündlich verhandelt, dabei auch eine Einigung erzielt wird, daneben aber die Absicht obwaltet, den ganzen Vertrag urkundlich festzustellen. Mit vollem Rechte bestimmt § 91 Abs. 2, daß in diesem Falle erst mit der Unterzeichnung der Urkunde der Vertrag zum Abschluß kommt. (Es war das auch bereits, richtig erkannt, der Sinn der l. 17 C. de fide instr.) Diese Form braucht aber nicht immer durch „Rechtsgeschäft", d. h. durch eine ausdrückliche Verabredung, bestimmt zu sein. Bei vielen Vertragschließungen kann sie von vornherein als stillschweigend vereinbart gelten. Gutspachtungen, Gesellschaftsverträge, Auseinandersetzungen von Gesellschaften und ähnliche umfassende Rechtsgeschäfte werden niemals anders abgeschlossen. In allen solchen Fällen vollendet sich der Vertragsabschluß erst mit der Unterschrift der Urkunde. Durch eine Bestimmung, welche dies klar stellte, würden auch §§ 80 und 81 in ein richtiges Verhältnis gebracht werden. Es würde dadurch überhaupt die Gefahr, welche in der vom Entwurf allgemein zugelassenen Formlosigkeit der Rechtsgeschäfte gefunden werden kann, eine verständige Schranke finden.

Zu § 97 f.

Die §§ 97, 98, 99, 101 behandeln die Frage über die Wirksamkeit der Willenserklärung ohne wirklichen Willen. Bekanntlich stehen bei dieser Frage verschiedene Ansichten in der Wissenschaft sich gegenüber. Einerseits die alte Lehre, daß eine Erklärung des Willens ohne entsprechenden Willen gar keine Wirkung habe (das sog. Willensdogma). Andrerseits die Ansicht, daß der, welcher in zurechenbarer Weise eine Willenserklärung abgibt, auch wenn er nicht wirklich so gewollt hat, dem gutgläubigen Empfänger der Erklärung sich haftbar mache. Ueber diese Haftbarkeit besteht dann wieder Verschiedenheit der Ansicht. Einerseits sagt man: der Erklärende haftet nur für Ersatz des dem Anderen zugefügten Schadens (das sog. negative Interesse). Andrerseits sagt man: der Erklärende haftet so, als ob er wirklich gewollt hätte, vorbehaltlich gewisser

Beschränkungen. Bei der ganzen Frage handelt es sich um Durchführung des Schutzes, den der bona fide Verkehr erheischt. Allseitig ist man einig, daß die Willenserklärung keine Wirkung habe, wenn der Gegenüberstehende den Mangel des wirklichen Willens kannte oder kennen mußte. Allseitig erkennt man aber auch jetzt schon Fälle an, in welchen die Willenserklärung, unabhängig von dem wirklichen Willen, verpflichtet. Wer einen Wechsel in blanco ausstellt, der mit einer nicht von ihm gewollten Zahl ausgefüllt wird, haftet dem gutgläubigen Inhaber, ohne sich auf seinen nicht entsprechenden Willen berufen zu können. Vgl. auch das Gesetzbuch § 116 und dazu Motive S. 226 Abs. 2; desgleichen § 125 und dazu Motive S. 243 f.

In den hier besprochenen Paragraphen behandelt der Entwurf (abgesehen von dem Falle einer absichtlich falschen Willenserklärung) die Frage in folgender Weise. Er verlangt, um den Erklärenden haftbar zu machen, unter allen Umständen Fahrlässigkeit desselben. Ist die Fahrlässigkeit eine grobe, so soll er voll haften, so, als ob er wirklich gewollt hätte. Ist die Fahrlässigkeit eine leichte, so soll er nur für einen vom Empfänger der Erklärung zu beweisenden Schaden, jedoch nicht über das Erfüllungsinteresse hinaus, haften. Der Entwurf theilt sich also zwischen den verschiedenen Lehren; ähnlich wie der Spruch Salomonis vorschlug, das streitige Kind mitten durchzuschneiden.

Es wird hier zunächst derjenige Fall von der Haftbarkeit ganz ausgeschieden, wo die Willenserklärung zwar in einer von dem Erklärenden zu vertretenden Weise abgegeben ist, aber doch eine Fahrlässigkeit demselben nicht zum Vorwurf gemacht werden kann. Als typisch hiefür kann der bekannte Telegraphenfall gelten, der die Hauptanregung zu der ganzen neuen Behandlung der Lehre gegeben hat. Ein Kölner Haus gibt an ein Frankfurter Haus das Telegramm auf: „Verkaufen Sie . . . Credit-Actien". Der Telegraph bestellt: „Kaufen Sie . . ." Der Frankfurter kauft. Die Actien gehen herunter. Der Frankfurter verlangt Abnahme der Actien oder Ersatz der Cursdifferenz. Der Kölner wendet ein, daß er nur ein Telegramm „Verkaufen Sie" aufgegeben habe. Unzweifelhaft hat er also die Willenserklärung „Kaufen Sie" nicht wirklich gewollt. Wer hat nun den Schaden zu tragen? So viel ich weiß, haben alle Rechtsgelehrten, die den Fall behandelt haben, für die Haftbarkeit des Kölners sich ausgesprochen, freilich mittels oft recht künstlicher Ableitungen, weil sie über das „Willensdogma" nicht hinaus konnten. Nach dem Entwurfe würde aber der Frankfurter den Schaden zu tragen haben. Denn daß der Kölner des Telegraphen sich bedient hat, würde man ihm doch nicht zur Fahrlässigkeit anrechnen können. Schon die Entscheidung dieses Falles, die gewiß mit dem überwiegenden Rechtsbewußtsein in unserem Volke nicht im Einklang steht, dürfte beweisen, daß der Entwurf einen bedenklichen Weg eingeschlagen hat.

Dieser bedenkliche Weg setzt sich fort, indem der Entwurf für den Fall, wo er eine Haftbarkeit eintreten lassen will, wiederum zwischen grober und leichter Fahrlässigkeit unterscheidet. Die Unterscheidung erweist sich schon insofern als praktisch unzuträglich, als es oft außerordentlich schwer hält, grobe und leichte Fahrlässigkeit gegen einander abzuwägen; überdies auch in den meisten Fällen der beweispflichtige Empfänger die Umstände, unter denen die Erklärung abgegeben wurde, nicht kennen und deshalb auch nicht in der Lage sein wird, für die Frage, ob leichte oder grobe Fahrlässigkeit, das Material beizubringen. An dieser Unterscheidung hängt aber unter Umständen alles. Die Motive erkennen ausdrücklich an, daß in Fällen dieser Art der Getäuschte oft gar nicht im Stande ist, positiv einen Schaden nachzuweisen. In solchen Fällen gestaltet sich also seine Lage, wenn das Gericht eine grobe Fahrlässigkeit nicht für erwiesen erachtet, zur Rechtlosigkeit. Machen wir uns einmal die Sache klar an dem bei Seuffert Bd. 29 Nr. 215 mitgetheilten Falle, wo Jemand den für einen Dritten bestimmten Bürgschein mit einer falsch eingezeichneten Summe unterzeichnet hatte, weil er, wie er behauptete, den Schein ohne Brille nicht habe lesen können. Welcher Fall des Entwurfs ist nun gegeben? Hatte der Unterzeichnende die

Brille in der Tasche gehabt und nur aus Bequemlichkeit sie nicht aufgesetzt, so wird man vielleicht sagen, es liege grobe Fahrlässigkeit vor; und dann würde er nach dem Entwurf voll haften. Hatte er sie verlegt gehabt und im Augenblicke nicht finden können, so würde man vielleicht sagen, es sei nur leichte Fahrlässigkeit; und dann haftete er nach dem Entwurf nur für Schadensersatz (der aber in diesem Falle nur sehr schwer zu beweisen sein würde). War ihm aber unmittelbar vorher die Brille durch einen Unglücksfall zerbrochen worden, so wird man vielleicht sagen, es sei gar keine Fahrlässigkeit vorhanden; und dann haftet er für gar nichts. Kann eine solche Unterscheidung nun wohl das Rechtsgefühl befriedigen? Wenn man verlangt, daß eine Willenserklärung der gedachten Art nicht wirkungslos sei, so geschieht das nicht, weil man den Erklärenden strafen, sondern weil man den Empfänger der Erklärung schützen will; und deshalb ist das Maß des subjectiven Verschuldens des Erklärenden ganz gleichgültig. Mag dieses Verschulden bis zum Verschwinden gering sein, immer ist der Empfänger der Erklärung doch noch unschuldiger. Und deshalb fordert das Rechtsgefühl, daß der Nachtheil auf dem Erklärenden haften bleibe. Jene Unterscheidung führt die Lehre geradezu ins Bodenlose.

Daß die Haftbarmachung des Erklärenden in der That nur der Anspruch auf Erfüllung (nicht ein wirklicher Entschädigungsanspruch wegen Nichtentstehung des Vertrags) ist, das wird auch durch den (völlig richtigen) Schlußsatz in Abs. 3 des § 97 erwiesen, wonach der Entschädigungsanspruch nie über das Erfüllungsinteresse hinausgehen soll. Gleichwohl kann man dem Entschädigungsprincip eine gewisse Berechtigung nicht versagen. Der gebotene Schutz des bona fide Verkehrs geht nicht weiter, als daß der zu Schützende vor positivem Schaden bewahrt bleibe. Wo ein solcher erkennbarerweise nicht vorliegt, da tritt das Willensdogma wieder in volle Berechtigung. In dem Falle des zwischen Köln und Frankfurt spielenden Geschäftes würde der Frankfurter nur den Anspruch auf Ersatz des Cursverlustes gehabt haben, wenn er wirklich die Actien gekauft oder für Rechnung des Kölners liegen gehabt hätte. Hätte er aber, ohne die Actien zu besitzen, den „Ankauf“ nur gemeldet, um als Gegenspeculant des Kölners zu operiren, dann wäre kein Grund gewesen, den Kölner an dem Inhalt des Telegrammes festzuhalten. Wenn in dem anderen oben gedachten Falle es sich nicht um einen Bürgschein, sondern um eine für den Dritten bestimmte Schenkungsurkunde gehandelt hätte, so würde kein Bedürfnis gewesen sein, die Willenserklärung aufrecht zu halten. Dies selbst dann nicht, wenn der Unterzeichner aus grober Fahrlässigkeit die falsche Zahl nicht gelesen hätte. (Insofern geht also der Entwurf sogar weiter, als ich die Haftbarkeit vertrete; und ich muß auch dem, was in den Motiven S. 201 Abs. 2 gesagt wird, meinerseits entgegentreten). Ergibt sich nicht schon aus der Natur des Geschäfts, daß eine Vermögenseinbuße (§ 218) nicht stattgefunden hat, so muß dem Erklärenden der Beweis darüber vorbehalten bleiben. Erbringt er diesen Beweis, so gelangt man auch nach dieser Theorie dahin, daß der Erklärende nur „Schadensersatz“ zu leisten habe. Aber es ist doch ein wesentlicher Unterschied, ob man von vornherein dem Getäuschten die Pflicht auferlegt, einen ihm zugefügten Schaden positiv nachzuweisen, oder ob man dem Gegner die Möglichkeit offen hält, seinerseits den Mangel eines Schadens darzuthun.

Den Sätzen des Entwurfs stelle ich hiernach folgende Sätze gegenüber:

Eine im Rechtsverkehre irrthümlich abgegebene Willenserklärung, welche mit dem wirklichen Willen des Urhebers nicht übereinstimmt, bindet gleichwohl diesen, wenn er sie in einer ihm zuzurechnenden Weise abgegeben hat.

Diese Vorschrift findet keine Anwendung, wenn der Empfänger der Willenserklärung den Irrthum kannte oder kennen mußte.

Sie findet ferner keine Anwendung, wenn und soweit der Empfänger durch die Annahme der Erklärung eine Vermögenseinbuße nicht erlitten hat.

Wird der Entwurf, so wie er dasteht, Gesetz, so wird er in den einschlagenden Fällen unsäglichen Streit und nicht selten ungerechte Entscheidungen herbeiführen.

Zu §§ 116, 117, 125.

Daß durch ein Rechtsgeschäft, welches der Vertreter innerhalb seiner Vertretungsmacht vornimmt, der Vertreter „unmittelbar" berechtigt und verpflichtet wird, ist ohne Zweifel dem heutigen Rechte entsprechend, wenn man darunter versteht, daß der Vertreter ohne Weiteres (ohne förmliche Klagencession) daraus Rechte und Pflichten überkommt. Auch schadet es nicht, diesen in anderer Beziehung leicht mißverständlichen Satz auszusprechen, wenn das Gesetz dafür sorgt, daß falsche Folgerungen nicht daraus gezogen werden können. Dies zu thun ist der Entwurf bemüht. Indem er in den Motiven (S. 226) zu dem Grundsatz sich bekennt, „daß das Rechtsgeschäft in der Person des Vertreters zu Stande kommt und nur die Wirkungen auf den Vertretenen bezogen werden" — ein Satz, den schon jetzt unsere Praxis sich zu Herzen nehmen sollte — zieht er aus diesem Grundsatz in § 117 und § 125 die beiden wichtigsten Folgerungen. Ein weiterer Satz, der daraus abzuleiten wäre und der einem praktischen Bedürfnisse entsprechen würde, wäre der, daß der Vertreter die Klage aus dem Rechtsgeschäfte gegen seine Person nicht ablehnen könnte, wenn er kraft seiner Vertretung die Mittel zur Befriedigung des Klägers in Händen hat. In solchen Fällen liegt gar kein Grund vor, weshalb der Vertreter nicht aus dem von ihm selbst abgeschlossenen Geschäfte auch haften sollte. Meines Wissens war dies auch ältere Praxis in deutschen Gerichten.

Ueberhaupt möchte ich hier die Frage anregen, ob es nicht möglich und rathsam sei, eine Bestimmung darüber zu treffen, ob und inwieweit der Vertreter, namentlich der allgemeine Vermögensverwalter, auf seine Verwaltung bezügliche Handlungen Dritter entgegennehmen müsse. Für processuale Zustellungen hat § 159 der CPrO. eine Vorschrift gegeben. Ein gleiches Bedürfnis macht sich aber fühlbar für andere einseitige Handlungen (Mahnungen, Kündigungen, Angebote ꝛc.). Die Motive erklären (S. 226), die Frage der Doctrin und Praxis überlassen zu wollen. Es ist zu fürchten, daß diese einfach sagen werden: der Vertreter kann alles von sich ablehnen.

Bei § 125 hat der Entwurf ohne Zweifel das Richtige im Sinne gehabt, daß der Vertreter dem anderen Vertragschließenden für das Vorhandensein seiner Ermächtigung einzustehen hat. In welcher Weise aber die falsche Auffassung von dem Wesen der Vertretung Früchte zeitigt, darüber belehrt uns eine Reichsgerichtsentscheidung Bd. 18 Nr. 32. Dort wird gesagt: nach dem Princip der directen Vertretung bilde für die Haftbarmachung des falsus procurator das Nichtvorhandensein der Vollmacht den Klaggrund, der also auch vom Kläger bewiesen werden müsse. Darnach kommt also derjenige, welcher mit einem solchen, der sich für einen Vertreter ausgegeben, contrahirt hat, in folgende Lage. Klagt er gegen den Vertretenen, so muß er diesem gegenüber das Vorhandensein der Ermächtigung des Vertreters beweisen; und wenn er das nicht kann, so fährt er ab. Klagt er nun gegen den Vertreter, so soll er diesem gegenüber das Nichtvorhandensein der Ermächtigung beweisen; und wenn er das nicht kann, fährt er wieder ab. So kommt der unglückliche Mann zwischen zwei Stühle zu sitzen. Eine wundervolle praktische Lehre! Es wäre zu wünschen, daß der § 125 eine Fassung erhielte, welche diese Irrlehre unbedingt ausschlösse. Der Vertreter hat, um seine Haftbarkeit abzulehnen, das Vorhandensein seiner Ermächtigung, und zwar, wenn ihm in dem Processe des anderen Vertragschließenden mit dem Vertretenen der Streit verkündet wird, diesem gegenüber zu erweisen. Das ist die Anforderung, die das Rechtsleben stellt.

Zu § 119 f.

Es würde meines Erachtens dem Sprachgebrauch mehr entsprochen haben und auch für die juristische Klarstellung förderlicher gewesen sein, wenn der Entwurf das Wort „Vollmacht“ auf die für Dritte bestimmte Kundgebung von der Ermächtigung des Vertreters, für den Vertretenen zu handeln, beschränkt, dagegen für das lediglich zwischen Vertretenen und Vertreter obwaltende Verhältnis den Ausdruck „Ermächtigung" gebraucht hätte. Die Ermächtigung ist kein besonderes Rechtsgeschäft; sie ist nur die äußere Seite eines Rechtsgeschäfts, kraft dessen Jemand für einen Andern zu handeln befugt wird. Ob ich Jemanden ermächtige, eine Schuld für mich einzunehmen, oder einen Baum in meinem Garten zu fällen: die Ermächtigung bleibt immer dieselbe. Daß man nur in einem Falle der ersten Art von einer „Vollmacht" redet, beweist eben, daß wir bei der „Vollmacht" immer an eine Form der Ermächtigung denken, die zur Kundgebung an Dritte bestimmt ist.

Bei der Ermächtigung wird in der Regel eine Handlung in Frage stehen, die allein im Interesse des Vertretenen liegt. Dann ist die Ermächtigung (der Auftrag) jederzeit widerruflich. Es kann aber auch vorkommen, daß die Ermächtigung zugleich im Interesse des Vertreters ertheilt wird; z. B. ich ermächtige einen Anderen, Gelder für mich einzunehmen, damit er sich selbst daraus bezahlt mache. Dann ist die Ermächtigung nicht unbedingt widerruflich; wenigstens muß gestattet sein, ihre Unwiderruflichkeit zu vereinbaren. (Die Römer redeten dann von einem procurator in rem suam; ein Verhältnis, das auch noch heute vorkommen kann.) Die Befugnis des Ermächtigten, dem Dritten gegenüber zu handeln, richtet sich nun ganz nach dem materiellen Inhalt des der Ermächtigung zu Grunde liegenden Rechtsgeschäfts oder Rechtsverhältnisses.

Eine besondere Gestaltung erhält die Sache, wenn der Vertretene, um das Handeln des Vertreters zu erleichtern, über dessen Ermächtigung eine für Dritte bestimmte Erklärung abgibt. Dann hat der Vertreter nicht bloß eine Ermächtigung, sondern er hat eine „Vollmacht". Die häufigste Form der Vollmacht ist die Vollmachtsurkunde, welche der Vertreter in die Hand bekommt, um sich bei Dritten auszuweisen. Die Vollmacht kann aber durch unmittelbare (besondere oder allgemeine) Benachrichtigung der Dritten seitens des Vollmachtgebers erfolgen; die Fälle des § 120. Diese Vollmacht bestimmt nun in ihrer Form den Dritten gegenüber den Umfang, in welchem der Vertreter handeln darf, und sie wirkt so lange, als sie nicht in derselben Form, in welcher sie ertheilt ist, zurückgenommen wird; also

wenn sie durch eine Vollmachtsurkunde ertheilt ist, so lange der Vertreter diese Urkunde besitzt;

wenn sie durch unmittelbare Benachrichtigung der Dritten ertheilt ist, so lange diese nicht in gleicher Form zurückgenommen wird.

Dies gilt jedoch nur zu Gunsten des in gutem Glauben handelnden Dritten. Weiß dieser, daß die Ermächtigung zurückgenommen oder erloschen ist, so kann er sich nicht auf die noch nicht zurückgenommene Vollmacht berufen. Dies muß selbst für den Fall angenommen werden, daß der Vertreter selbst die Zurücknahme oder das Erlöschen der Ermächtigung (vgl. auch § 605 und § 74 Abs. 1) nicht kennen sollte.

Es ist zu fürchten, daß die Doppelsinnigkeit, in welcher der Entwurf das Wort „Vollmacht" gebraucht, die Praxis beirren wird. Beanstanden muß ich auch in dem obigen Sinne die Absätze 1 und 2 des § 119. Ferner halte ich für unrichtig die Darlegung in den Motiven S. 236 Nr. 1. Auch wenn der Vertreter glaubt, daß seine Ermächtigung fortbestehe, und wenn er auch noch im Besitze der Vollmacht ist, kann der Dritte, sobald er weiß, daß die Ermächtigung erloschen ist, nicht mehr redlicherweise mit ihm Geschäfte machen. Gesetzt, ich hätte den A. bevollmächtigt, von B. dessen Haus für mich anzukaufen. Mich reut der Auftrag; ich weiß aber nicht, wo A. im Augenblicke sich aufhält. Ich telegraphire also an B., daß ich die Ermächtigung des A. zurücknehme. Nun kommt A. zu B. und schließt, da dieser ihm das Telegramm verschweigt, in gutem Glauben den Kauf für mich ab. Bin ich nun an den Kauf gebunden? Der Entwurf sagt: ja. Meinem Rechtsgefühl nach nicht. Hat auch A. redlich gehandelt, so hat doch B. unredlich gegen mich gehandelt und kann daraus keine Rechte ableiten.

Den Sätzen des Entwurfs würde ich etwa folgende Sätze entgegenstellen.

Ist die Ermächtigung zur Vertretung durch Rechtsgeschäft ertheilt, so bestimmt sich Umfang und Dauer der Vertretungsbefugnis nach dem Inhalt dieses Rechtsgeschäfts.

Hat der Vertretene dem Vertreter eine zur Vorlegung bei Dritten bestimmte Vollmacht (Vollmachtsurkunde) gegeben, so bestimmt sich Umfang und Dauer der Vertretungsbefugnis dem Dritten gegenüber durch den Inhalt und den Besitz der Vollmacht.

Einer Bevollmächtigung durch Vollmachtsurkunde steht es gleich, wenn der Vertretene die Bevollmächtigung durch besondere Mittheilung oder durch öffentliche Bekanntmachung den Dritten kundgegeben hat. Kraft dieser Kundgebung ist der Bevollmächtigte so lange zu handeln befugt, als nicht das Erlöschen der Vollmacht in gleicher Weise kundgegeben ist.

Durch die Handlung des Bevollmächtigten wird der Vollmachtgeber nicht verpflichtet, wenn dem Dritten bekannt war oder bekannt sein mußte, daß eine der Vollmacht entsprechende Ermächtigung des Bevollmächtigten nicht bestand oder bereits erloschen war.

Der Bevollmächtigte muß die Vollmachtsurkunde nach Erlöschen der Ermächtigung zurückgeben. Auf Antrag ꝛc. (wie § 121).

Zu § 126.

Dieser Paragraph will ein von einem Vertreter vorgenommenes einseitiges Rechtsgeschäft nur gelten lassen, wenn entweder der Vertreter wirklich Vertretungsrecht gehabt oder der andere Betheiligte mit der Vornahme sich einverstanden erklärt hat. Die Motive (S. 245) sagen dazu: „Der Vornahme eines Rechtsgeschäfts durch einen nicht ermächtigten Vertreter schon dann

Wirkung beizulegen, wenn der Betheiligte dasselbe nicht unverzüglich zurückweist, würde zu weit gehen; es ist ein wesentlicher Unterschied, ob der Vertreter bevollmächtigt ist, und nur unterläßt, über die Bevollmächtigung sich auszuweisen, oder ob es dem Vertreter an jeder Vertretungsmacht gebricht." Das wäre recht schön, wenn man stets wüßte, ob Jemand Vertretungsbefugnis gehabt habe oder nicht gehabt habe. Aber zwischen beiden liegt ein non liquet, welches die Sache einigermaßen anders gestaltet.

Die Frage kommt nämlich meistens so vor. Ein Vertreter hat eine einseitige Handlung (Mahnung, Kündigung, Angebot rc.) dem anderen Betheiligten gegenüber vorgenommen. Dieser schweigt ganz still. Nun erhebt der Vertretene unter Bezugnahme auf diese Handlung Klage. Dann leugnet der Verklagte, „daß der Vertreter seinerzeit Auftrag zu dieser Handlung gehabt habe". Und nun soll der Kläger dies beweisen, was ihm vielleicht unmöglich wird, obwohl ein Auftrag wirklich bestand. Offenbar ist aber ein solches Verhalten arglistig. Hat Jemand einen Anderen als Vertreter stillschweigend angenommen, so kann er sich nicht beklagen, wenn er, sobald der Vertretene die Handlung genehmigt, auch daran festgehalten wird. Der Vertretene genehmigt aber die Handlung, sobald er mit Bezugnahme auf solche Klage erhebt. An Stelle des § 126 (dessen Inhalt im Uebrigen kaum eines Ausspruchs bedürfen würde) sollte daher folgende Bestimmung Platz finden:

Hat Jemand als Vertreter eines Anderen ein einseitiges Rechtsgeschäft einem Dritten gegenüber vorgenommen und dieser seine Vertretungsbefugnis nicht beanstandet, so kann der letztere, sobald Genehmigung seitens des Vertretenen erfolgt, den Mangel der Vertretungsbefugnis nicht mehr rügen.

Zu § 188 und S. 352 der Motive.

Dieser Paragraph spricht indirect aus, daß Selbsthilfe, wenn sie nur nicht durch unerlaubte Handlungen begangen worden, erlaubt sei [1]). Verstände man unter Selbsthilfe nur das, daß jeder möglichst sich selbst zu helfen suche (help yourself!), so wäre bei diesem Ausspruch nichts zu erinnern; er gehörte nur nicht in ein Gesetzbuch. Man versteht aber in unserer Wissenschaft unter Selbsthilfe etwas anderes. Unser gesammter Rechtszustand findet seine Sicherung in einer gewissen formalen Schranke, welche durch die Unverletzbarkeit der Person und des realen Besitzstandes jedes Menschen bestimmt wird. Mit dem materiellen Recht stimmt diese formale Schranke oftmals nicht überein. Wenn man nun die Zulässigkeit der Selbsthilfe in Frage stellt, so wird damit gefragt: Darf ein Privater, da wo er ein materielles Recht hat oder zu haben glaubt, diese formale Schranke durchbrechen und in die dadurch begrenzte Rechtssphäre seiner Mitbürger eingreifen? Diese Frage ist, von Ausnahmsfällen abgesehen, zu verneinen, nicht deshalb, weil dadurch „ein Staatshoheitsrecht verletzt" würde, sondern weil die Einhaltung jener Schranke für die öffentliche Ordnung und den bürgerlichen Frieden unentbehrlich ist. Deshalb hätte in erster Linie jene Schranke durch ein Strafverbot gesichert werden sollen, was leider in dem deutschen Strafgesetzbuch nicht geschehen ist. Um so weniger sollte nun das Civilgesetzbuch solche leicht mißverständliche allgemeine Sätze, wie den in § 188 enthaltenen, aufstellen. Es ist gar nicht abzusehen, welche falschen Lehren daraus abgeleitet werden könnten. Allerdings erklärt der Entwurf in § 814 einer „Inhabung" gegenüber „Eigenmacht für verboten". Wir werden aber bei § 819 sehen, daß er dieses Verbot nicht einmal folgerichtig durchführt.

Die Zulässigkeit der Selbsthilfe in den Fällen des § 189 halte ich für wohlbegründet. Die weiteren „Ausnahmen", auf welche die Motive hinweisen, halte ich für keine solchen.

Zu S. 357 der Motive.

Der Entwurf hat von dem bisher geltenden Grundsatze, daß gewisse Nebenansprüche nicht selbständig klagbar sind und auch bei

[1]) Windscheid (dem der Inhalt des Entwurfs ja längst bekannt war) hat in den letzten Ausgaben seines Lehrbuchs § 123 diese Folgerung sofort gezogen.

vorbehaltloser Annahme der Hauptleistung erlöschen, Abstand genommen. Die Motive belehren uns über die Gründe. Allerdings war diese Lehre bei den Römern aus der Gestaltung ihres Processes hervorgegangen. Die Römer verstanden es aber vortrefflich, die Einrichtungen ihres Processes auch für das materielle Recht zu verwerthen. Die beschränkte Verfolgbarkeit von Nebenansprüchen halte ich nicht für einen römischen Doctrinarismus, den wir über Bord werfen müßten, sondern für eine dem natürlichen Rechtsgefühl und der praktischen Zuträglichkeit entsprechende Lehre. Daß es eine „Härte gegen den Berechtigten sei, wenn er Ansprüche, von denen er vielleicht keine Kenntnis gehabt, nicht nachträglich noch geltend machen könne", paßt auf Nebenansprüche der fraglichen Art ganz und gar nicht. Wenn ein Erkenntnis des Reichsgerichts vorliegt, welches in einem Falle der Enteignung nachträglich gesetzliche Zinsen zuerkannt hat, so beweist auch dieses für einen allgemeinen Zug der Zeit in der fraglichen Richtung sehr wenig. Es ist bekannt, daß Gerichte oft geneigt sind, den von einer Enteignung Betroffenen möglichst günstig zu behandeln. Dagegen werden tausendfach Zahlungen geleistet, bei welchen der Schuldner in Verzug ist, der Gläubiger aber gar nicht daran denkt, Verzugszinsen zu fordern. Soll er nun in allen diesen Fällen eine Nachforderung erheben können? Wenn es auch unter tausend Fällen nur einmal geschähe, würde es doch als eine häßliche Chikane empfunden werden. Noch mehr aber würde es das Rechtsgefühl verletzen, wenn ein Gläubiger erst die Hauptforderung einklagte und dann nachträglich mit einer Klage auf Verzugszinsen aufträte. Man denke, daß der Gläubiger sein Kapital mit den versprochenen vierprocentigen Zinsen eingeklagt, zugesprochen und bezahlt erhalten hat. Da entdeckt er, daß er nach § 248 Abs. 1 des Entwurfs von der Mahnung (also jedenfalls von der Klagzustellung) an fünf Procent hätte fordern können; und nun tritt er mit einer neuen Klage auf, worin er dieses fünfte Procent nachfordert. Es wäre meinem menschlichen Gefühl nach empörend.

Zu S. 370 Abs. 2 der Motive.

Auch hier begegnen wir einer Lehre, die ich vom praktischen Standpunkt nicht billigen kann. Nachdem die Motive S. 362 bereits das Institut der Proceßzinsen verworfen, lehnen sie hier auch das Institut der Judicatzinsen ab. Der Entwurf kennt nur das Institut der Verzugszinsen, in welchen die Proceß- und Judicatzinsen aufgehen sollen. Nun erhalten aber die Verzugszinsen eine starke Beschränkung durch den Grundsatz des § 246, daß ein Verzug nicht eintrete, wenn der Schuldner nach § 241 in Ansehung des Schuldverhältnisses in einem entschuldbaren Irrthum sich befunden hat. Nach § 146 darf dieser Irrthum auch ein Rechtsirrthum sein. Unendlicher Streit wird dadurch eröffnet werden. Nicht leicht wird eine verklagte Partei auf die Behauptung verzichten, daß sie bona fide die Schuld bestreite, wenn sie damit zugleich die Verpflichtung, Verzugszinsen zu zahlen, bestreiten kann. Dieser Streit wird aber um so mehr hervorgerufen werden, wenn damit nicht allein die aus der Zeit vor der Klage, sondern auch die seit der Klage geforderten Zinsen bestritten werden können. In jedem Proceß, in welchem Verzugszinsen, sei es auch nur vom Tage der Klagerhebung an, gefordert werden, ist der Streit reif, ob die verklagte Partei in entschuldbarem Irrthum den Anspruch bestreite oder nicht. Und zu diesem Streit wird um so mehr Gelegenheit gegeben sein, als ja nach § 248 Verzugszinsen auch über das Maß der vertragsmäßigen Zinsen hinaus gefordert werden können. Ueberall im Entwurfe spielen die Verzugszinsen die herrschende Rolle. Der Verzug selbst aber ist auf eine durchaus unsichere und schwankende Grundlage gestellt. Welche Quelle des Streites über meist unbedeutende Nebenpunkte! [1]).

---

[1]) Wenn an späterer Stelle (II S. 55) die Motive sagen, daß diese Gefahr nach der Erfahrung keine Erhebliche sei, so kann ich dem keine durchschlagende Bedeutung beilegen. Es braucht bloß eine Anzahl Anwälte ausfindig zu machen, daß man auf diese Weise die Zinspflicht bestreiten könne, so werden sich diese Streitigkeiten über ganz Deutschland wie eine epidemische Krankheit verbreiten, ohne daß daraus den Anwälten ein Vorwurf zu machen wäre.

Nun sagen die Motive S. 370, daß jedenfalls mit der Verurtheilung des Schuldners dessen Verzug und damit die Pflicht, Verzugszinsen zu zahlen, beginne. „Ob die Zinsen im Klaggesuch angesprochen und im Urtheile zuerkannt werden müssen, ist eine processuale Frage“. Aber wenn das Civilgesetzbuch eine tiefgreifende Aenderung trifft, auf welche der bisherige Proceß nicht berechnet ist, dann hat es auch die Pflicht, die processuale Frage zu ordnen. Wenn mit der rechtskräftigen Verurtheilung der Schuldner unter allen Umständen in Verzug geräth, warum dann noch die Zinspflicht von den Wechselfällen des Ausspruchs im Urtheil abhängig machen? Warum sagt man nicht: vom Tage des rechtskräftigen Urtheils an hat der Schuldner jedenfalls gesetzliche Zinsen zu leisten?

Ich kann nicht umhin, hier aus meiner älteren Erinnerung etwas anzuführen. In der Praxis der kurhessischen Gerichte stand es (übereinstimmend mit der Ansicht älterer Rechtslehrer) unzweifelhaft fest, daß Verzugszinsen — abgesehen von einem dies interpellans — nur durch gerichtliche Mahnung begründet werden. Diese gerichtliche Mahnung war regelmäßig die Klagbehändigung; und nur von dieser an, aber auch stets von dieser an, wurden Verzugszinsen zuerkannt. Darin lag kein ungerechtes Princip. Wird bald nach der (außergerichtlichen) Mahnung die Klage erhoben, so knüpft sich an die Zinsen für die Zwischenzeit nur ein minimales Interesse. Wird dagegen die Klaganstellung lange hinausgeschoben, so ist es eine sehr zweifelhafte Gerechtigkeit, daß für diese ganze Zwischenzeit der Verklagte dem zögernden Kläger die höchsten Zinsen zahlen soll. Jedenfalls war jener Grundsatz eminent praktisch. Er schnitt allen Streit über die leidige Frage ab, wann die Zinspflicht beginne. Und darin lag für die Parteien die größte Wohlthat. Die Grundsätze des Entwurfs mögen ja von einem idealen Standpunkt sich vertheidigen lassen. Praktisch sind sie nicht. Sie werden unsäglichen Streit, oft um die geringfügigsten Interessen, hervorrufen.

Zu Abschnitt 10 (Beweis).

Erschöpfende Regeln über die Beweislast lassen sich nicht in wenigen Paragraphen geben. Für mich würde deshalb der in den Motiven S. 382 ausgedrückte Zweifel gegen die Aufnahme des Abschnittes überwiegend gewesen sein.

Die Frage, ob die gegnerische Behauptung einer modificirenden Nebenverabredung als Leugnen des Klaggrunds oder Einrede zu behandeln sei (§ 196), hängt jedenfalls auch davon ab, ob diese Nebenverabredung von der Hauptverabredung in der Form sich trennt. Unzweifelhaft ist es, daß, wenn eine Vertragsurkunde vorliegt, die Behauptung von Bedingungen, welche neben dieser Urkunde verabredet seien, stets zur Einrede wird. (Vgl. auch § 434 Abs. 1.)

Zu § 220.

Das preußische Landrecht (I. 2 § 112 f.) stellt in seiner redseligen Weise dreierlei Arten von Werth auf. Der gemeine Werth soll „der Nutzen" sein, „welchen die Sache einem jeden Besitzer gewähren kann". Der außerordentliche Werth einer Sache „erwächst aus der Berechnung des Nutzens, welchen dieselbe unter gewissen Bestimmungen und Verhältnissen leisten kann". Der Werth der besonderen Vorliebe „entsteht aus bloß zufälligen Eigenschaften oder Verhältnissen einer Sache, die derselben in der Meinung ihres Besitzers einen Vorzug vor allen anderen Sachen gleicher Art beilegen". Diese verschiedenen Werthbegriffe benutzt das Landrecht dann später (I. 6 § 82 f.), um den Beschädiger einer Sache je nach dem Maß seines subjectiven Verschuldens verschieden abzustrafen. Wer durch einfaches Verschulden beschädigt, soll den gewöhnlichen Werth ersetzen. Wer aus Vorsatz oder grobem Versehen schädigt, soll auch den außerordentlichen Werth ersetzen. Wer vorsätzlich einen Schaden zufügt, soll sogar für den Werth der Vorliebe haften. Nun hat ja eine solche verschiedene Art der Haftbarmachung etwas gemüthlich Befriedigendes. Aber de lege ferenda hat man sie längst aufgegeben. Der Entwurf nimmt jedoch aus dem preußischen Landrecht die dort erdachten

Werthbegriffe herüber und schreibt nun vor, daß bei jedem Schadensersatz, ohne Rücksicht auf größeres oder geringeres Verschulden, nicht bloß der „gemeine Verkehrswerth“, sondern auch der „außerordentliche Werth, welcher den Gegenstand für den Gläubiger nach den besonderen Verhältnissen hatte“, ersetzt werden soll. Vergeblich sucht man in den Motiven nach einer wissenschaftlichen Begründung dieses Begriffes. Er erscheint den Motiven als von selbst gegeben und als selbstverständlich.

Dem gegenüber erlaube ich mir die Ansicht auszusprechen, daß der „außerordentliche Werth“ ein Fehlbegriff ist, der sich in einen Theil der Jurisprudenz, dem es an klarer wirthschaftlicher Anschauung mangelt, eingeschlichen hat. Es gibt in Wahrheit nur einen Werth der Sache; denjenigen Werth, welcher nach Maßgabe der Verkehrsverhältnisse die allgemeine Meinung der Sache beilegt. Dieser Werth ist es, welcher im Falle eines gebotenen Schadensersatzes dem Eigenthümer oder Besitzer zu ersetzen ist. Denn dieser Werth wird ihm durch Vernichtung der Sache entzogen. Nicht aber hat dieselbe Sache für den Einen einen höheren, für den Anderen einen geringeren Werth. Allerdings kann vielleicht der Eine aus der Benutzung der Sache einen höheren Nutzen ziehen als der Andere. Dieser höhere Nutzen ist aber nicht die Folge eines verschiedenen Werthes der Sache, sondern die Folge der persönlichen Eigenschaften des Besitzers. Diese Eigenschaften verbleiben dem Besitzer auch bei Entziehung der Sache, und er kann sie bei jeder andern gleichwerthigen Sache in gleicher Weise bethätigen. Wäre es richtig, daß der Werth jeder Sache je nach der Persönlichkeit des Besitzers und dessen besonderen Verhältnissen wechselte, so würde folgerichtig eine Sache, wenn der Besitzer nur geringen Nutzen aus ihr zöge, auch unter dem gemeinen Werth geschätzt werden müssen. Wohin sollte diese ganze Art der Werthschätzung wohl führen? Hat ein Brillantschmuck einen verschiedenen Werth, je nachdem er im Besitze einer jungen koketten Dame oder einer alten abständigen Matrone ist? Hat ein Reitpferd einen verschiedenen Werth, je nachdem es im

Besitz eines Reitkundigen oder eines Sonntagsreiters ist? Hat ein Flügel einen verschiedenen Werth, je nachdem er einem Virtuosen oder einem Klavierstümper gehört? Der ganze Versuch, verschiedene Werthe für eine und dieselbe Sache zu construiren, kann nur ins Bodenlose führen.

Einen noch nachtheiligeren Einfluß, als auf die verhältnismäßig seltenen Fälle einer Sachbeschädigung, würde diese ganze Lehre voraussichtlich ausüben auf ein anderes Rechtsinstitut, nämlich auf die Enteignungslehre. Auch dort hat das gesunde Leben lange genug mit dem wissenschaftlichen Wahne zu kämpfen gehabt, daß neben dem ordentlichen Werth der Sache auch noch ein außerordentlicher Werth, je nach der Persönlichkeit des Besitzers oder der zufälligen Art der Benutzung, zu ersetzen sei. In lebhafter Erinnerung steht mir noch ein Fall, wo für einen schmalen Streifen Landes, der als Seilerbahn für wenige Gulden verpachtet war, viele Tausende als Entschädigung bezahlt werden sollten, welche man als den kapitalisirten Werth der Stricke, die alljährlich auf der Seilerbahn gedreht werden konnten, berechnet hatte. Bei Schaffung des preußischen Enteignungsgesetzes vom 11. Juni 1874 gelang es glücklich, den Begriff des „außerordentlichen Werthes" über Bord zu werfen[1]), so wie derselbe auch schon im Reichsrayongesetz vom 21. Dec. 1871 keine Annahme gefunden hatte. Taucht nun jetzt dieser Begriff im Reichscivilgesetzbuch wieder auf, so wird er voraussichtlich auch wieder in die Enteignungslehre hineingetragen werden, und man wird mit Hilfe desselben jene fabelhaften Entschädigungsberechnungen wieder aufstellen, die einen Hohn der Gerechtigkeit bildeten. Allerdings sagt in den Motiven eine zugefügte Note: „Die Vorschrift des § 220 gilt nur für Schadensersatz. Wo das Gesetz nur die Verpflichtung zum Werthersatz ausspricht, ist der gemeine Werth allein verstanden". Aber wie kommt denn der Entwurf dazu, für den „Schadensersatz" absonderliche Begriffe des Werthes aufzustellen? Und glaubt man

[1]) Vgl. über die Verhandlungen: Bähr und Langenhans, das Gesetz über die Enteignung von Grundeigenthum vom 11. Juni 1874, S. 27 f.

denn, solche Begriffe aufstellen zu können, ohne daß dieselben in den dadurch beirrten Köpfen Propaganda machten? Entspräche es der Gerechtigkeit, bei jeder Sachbeschädigung einen „außerordentlichen Werth“ ersetzen zu lassen, so würde im Enteignungsverfahren noch viel weniger die Pflicht, einen solchen zu ersetzen, abgelehnt werden können.

Ich halte die Aufstellung des Begriffs vom „außerordentlichen Werth“ für eine Verirrung des Entwurfs. Zu beklagen ist auch, wenn die Motive solche Mißlehren verbreiten, wie die, daß die Zuerkennung des außerordentlichen Werthes als eine Folge aus § 219 sich von selbst ergebe. Wenn aus so abstracten Sätzen solche Folgerungen schon dicht an der Quelle gemacht werden, was wird da erst weiter unten geschehen?

Zu § 224.

Meiner Ansicht nach findet die Pflicht des Schuldners, wegen Nichterfüllung seiner Verbindlichkeit für das Interesse einzustehen, darin eine Schranke, daß er nicht über das Maß dessen hinaus haftbar gemacht werden kann, was er als Interesse seines Gläubigers kannte oder kennen mußte. Wenn mir Jemand einen Brief zur Besorgung mitgibt, ohne mir über den Inhalt etwas zu sagen, dann aber, wenn ich den Brief verloren habe, damit hervortritt, daß in dem Brief 1000 Mark gelegen haben, die ich ihm nun ersetzen solle, so halte ich diesen Anspruch für nicht begründet. Denn wenn ich gewußt hätte, daß der Brief ein Geldbrief sei, so würde ich ihn vielleicht gar nicht mitgenommen haben (vgl. auch HGB. Art. 395 Abs. 2 und RGE. I. 36).

Ich weiß nicht, ob der vorstehende Gedanke ohne Weiteres aus dem Entwurfe abgeleitet werden kann.

Zu § 248.

Der Gedanke des Code civil, daß in den Verzugszinsen die Interesseforderung des Gläubigers sich erschöpfe, ist meines Erachtens durchaus gesund und für das bürgerliche Leben wohlthätig.

So wie der Gläubiger nicht erst mit dem Beweise gequält werden soll, daß er das entbehrte Geld auch nutzbar gemacht haben würde, so soll auch der Schuldner nicht mit übertriebenen Berechnungen einer solchen Nutzbarmachung heimgesucht werden. Ich glaube auch, daß dies der Gedanke des römischen Rechts gewesen ist. Auf gemeinrechtlichem Gebiet ist mir niemals der Versuch begegnet, über die Verzugszinsen hinaus noch einen Schaden geltend zu machen. Versteigt man sich einmal zu Berechnungen, was mit Geld, das man nicht gehabt hat, hätte verdient werden können: welche fabelhaften Berechnungen lassen sich da nicht aufstellen! Der Abs. 2 des § 248 bildet eine Einladung zu solchen maßlosen Streitigkeiten.

Ich würde auch dem Grundsatz den Vorzug geben, daß vertragsmäßige Zinsen, nicht allein wenn sie höher, sondern auch, wenn sie niedriger als Verzugszinsen sind, auch bei eintretendem Verzuge fortzuentrichten seien. Durch die vertragsmäßige Bestimmung haben die Parteien selbst den Werth der Kapitalnutzung unter sich festgestellt, und es liegt kein Grund vor, zu Gunsten der durch das Gesetz subsidiär bestimmten Verzugszinsen von dieser Bestimmung abzuweichen. Bei niedrigem Zinsfuß (wie er jetzt besteht) wird das Anwachsen der Zinsen über das Maß der bedungenen Zinsen hinaus als eine große Härte empfunden werden.

§ 264

soll die Lehre von der Novation enthalten, und der Schlußsatz will offenbar die Vorschrift in l. 8 C. de novat. wiederholen. Diese Vorschrift besagt nichts anderes, als daß die über eine bestehende Verbindlichkeit neu eingegangene Formalobligation (welche den Gegenstand der Verbindlichkeit unverändert läßt) nicht als tilgend (novirend), sondern als der bisherigen Verbindlichkeit accessorisch hinzutretend anzusehen sei. Diesen Gedanken wird aber Niemand in dem Schlußsatze wieder finden. Denn man setzt unwillkürlich den zweiten Satz in Parallele mit dem ersten Satz, wo von einer „anderen Leistung“ geredet wird. Für die Praxis wird daher der Satz unverständlich und unbrauchbar sein. Wenn der Bauer, der ein Pferd gekauft hat, nachträglich mit dem Händler ausmacht, daß er ihm statt des Pferdes ein Paar Ochsen liefern solle, paßt da wohl der Satz: Im Zweifel ist nicht anzunehmen, daß die neue Verbindlichkeit an Erfüllungsstatt übernommen sei?

Zu § 267.

Trotz der Ausführung in den Motiven S. 87 f. würde ich es für richtiger halten, wenn der Schlußsatz des Abs. 1 lautete:

— so ist diejenige Schuld getilgt, welche die Betheiligten als zur Tilgung bestimmt vereinbaren. Als Vereinbarung ist es auch anzusehen, wenn der Schuldner bei der Leistung oder der Gläubiger bei der Annahme eine Schuld als zur Tilgung bestimmt bezeichnet und der andere Theil nicht widerspricht.

Die Motive selbst erkennen an, daß, wenn der Schuldner schweigt, der Gläubiger aber bei der Annahme erklärt, auf welche Forderung anzurechnen sei, und der Schuldner sich dabei beruhigt, damit ein Einverständnis über die Berechnung hergestellt sei. Das kann aber in dem Wortlaut des § 267 nicht gefunden werden. Nach diesem Wortlaut würde die einseitige Erklärung des Gläubigers stets unbeachtet bleiben müssen. Allerdings kann der Gläubiger nicht nachträglich eine solche Bestimmung treffen. Er kann es nur in der Weise, daß dem Schuldner, wenn dieser mit der Bestimmung nicht einverstanden ist, die Möglichkeit frei bleibt, die Zahlung zurückzunehmen. Innerhalb dieser Schranke ist aber das Recht des Gläubigers, die Berechnungsweise zu bestimmen, durchaus nicht ungünstig zu betrachten. Der Gläubiger kann ein erhebliches Interesse dabei haben, daß nicht die Berechnungsweise des Abs. 2 zur Anwendung komme. Hat der Gläubiger in die Quittung eine Art der Anrechnung hineingesetzt, so fragt es sich vor allem, ob der Schuldner bei Annahme der Quittung dies auch gelesen hat, und ob der Gläubiger ihm für den Fall des Nichteinverständnisses noch die Rücknahme der Zahlung freistellte. Nur wenn diese Bedingungen vorlagen, kann aus der Entgegennahme der Quittung ein Einverständnis des Schuldners mit der darin bemerkten Berechnung gefolgert werden.

Zu § 272.

Wenn man den Schlußsatz dieses Paragraphen liest:

> Durch die Hinterlegung wird der Schuldner in gleicher Art befreit, wie durch die Leistung an den Gläubiger,

so könnte man auf den Gedanken kommen, daß, sobald der Schuldner hinterlegt habe, ihn die ganze Schuld nichts mehr angehe. Ist dem nun wirklich so? Es wird sich das nicht behaupten lassen. Vielmehr bleibt je nach den Umständen der Hinterlegung auf dem Schuldner die Verpflichtung haften, auf eigene Gefahr bei der Frage mitzuwirken, ob und an wen das Hinterlegte ausgezahlt werden soll.

Unzweifelhaft ist die Hinterlegungsstelle nicht berufen, selbst den Gläubiger auszusuchen, an welchen sie das Hinterlegte zu zahlen habe, sondern sie kann diese Zahlung nur nach der Bestimmung des Schuldners bewirken. Diese Bestimmung kann schon bei der Hinterlegung getroffen werden. Soweit dies nicht geschehen ist, bleibt die Verpflichtung dazu auf dem Schuldner haften.

Hat der Schuldner wegen Annahmeverzugs des Gläubigers hinterlegt, so wird man annehmen dürfen, daß, wenn der Schuldner ohne weiteren Vorbehalt hinterlegt hat, die Hinterlegungsstelle dem sich meldenden Gläubiger ohne Weiteres zahlen darf. Hat der Schuldner nur mit Vorbehalt (z. B. wegen einer ihm geschuldeten Gegenleistung) hinterlegt, so hat die Hinterlegungsstelle an den Gläubiger nur zu zahlen, wenn dieser die Einwilligung des Schuldners oder ein diese Einwilligung ersetzendes rechtskräftiges Urtheil beibringt.

Hat der Schuldner wegen Ungewißheit des Gläubigers hinterlegt, so sind verschiedene Fälle möglich.

Entweder der Schuldner bezeichnet bestimmte Personen als die möglichen Gläubiger (z. B. verschiedene Forderungsansprecher).

Dann erklärt er damit, daß an denjenigen derselben gezahlt werden soll, der die Einwilligung der übrigen oder deren rechtskräftige Verurtheilung, die Auszahlung geschehen zu lassen, beibringt.

Oder der Schuldner hinterlegt ohne Bezeichnung bestimmter Personen als der möglichen Gläubiger (z. B. wegen Unbekanntschaft der Erben des verstorbenen Gläubigers). Dann kann nur derjenige das Hinterlegte in Anspruch nehmen, der die Anerkennung seiner als Erben seitens des Schuldners oder ein wider diesen erwirktes rechtskräftiges Urtheil beibringt.

Derselben Erfordernisse bedarf es auch stets, wenn an Stelle eines vom Schuldner bezeichneten Gläubigers ein Rechtsnachfolger auftritt, der auf das Hinterlegte Anspruch erhebt.

Selbstverständlich präjudicirt die Hinterlegung zu Gunsten der vom Schuldner bezeichneten oder nachträglich anerkannten Gläubiger den Rechten etwaiger anderweiten Forderungsberechtigten in keiner Weise.

Der Schlußsatz des § 272 dürfte sich daher in der Weise modificiren, daß durch die rechtmäßig bewirkte Hinterlegung der Schuldner gegenüber den Gläubigern, für welche er hinterlegt hat, von seiner Verbindlichkeit in der Art befreit wird, daß er sie zu ihrer Befriedigung auf das Hinterlegte verweisen kann.

Ob diese ganze, durchaus nicht einfache Lehre, wenn man einmal codificirt, ohne gesetzliche Regelung bleiben könne, stelle ich anheim. Aus dem „Geiste der Rechtsordnung" würde sie schwerlich zu ergänzen sein.

Zu § 274.

Den Fällen, in welchen das Recht der Zurücknahme erlischt, dürfte auch noch zuzurechnen sein:

> wenn einer der mehreren Forderungsansprecher, mit Bezug auf deren streitige Berechtigung der Schuldner hinterlegt hat, wider den andern Klage auf Anerkennung seines Rechts erhoben hat.

Auch dürfte der Zusatz sich empfehlen:

Das erloschene Recht der Zurücknahme lebt wieder auf, wenn der Gläubiger vom Schuldner selbst oder in sonstiger Weise wegen seiner Forderung befriedigt ist.

(Dies tritt natürlich auch im Falle des Concurses ein.)

§ 279

würde richtiger so lauten:

Die Kosten der öffentlichen Hinterlegung fallen dem Gläubiger zur Last, wenn er das Hinterlegte bezieht; vorbehaltlich seines Rückgriffs gegen den Schuldner, wenn dieser die Hinterlegung mit Unrecht bewirkt haben sollte. Das Gleiche gilt 2c.

Zur Erläuterung bemerke ich: Auch wenn die Hinterlegung mit Unrecht geschehen ist, kann der Gläubiger ein Interesse haben, sein Geld lieber aus der Hinterlegung zu beziehen, als es vom Schuldner einzufordern. Dann aber darf er wegen der Kosten auf den Schuldner zurückgreifen.

Zu § 290.

Abs. 3 dieses Paragraphen handelt von dem vertragsmäßigen Anerkenntnis, daß ein Schuldverhältnis nicht bestehe; und die Regeln, welche der Entwurf dafür aufstellt, sind ganz richtig. Aber sie reichen nicht aus, um das praktische Bedürfnis zu befriedigen.

Unserem Rechtsleben ist nur eine Form dieses vertragsmäßigen Anerkenntnisses geläufig. Das ist die Quittung, durch welche die Schuld als „gezahlt" quittirt wird; das römische acceptum ferro. Die Quittung ist ein negativer Anerkennungsvertrag, nicht bloß hier und da, unter Umständen, sondern stets und immerdar. Sie ist heute der negative Anerkennungsvertrag κατ' ἐξοχήν. Sie ist es auch da, wo sie bestimmt ist, im Austausch gegen eine Barzahlung gegeben zu werden. Allerdings aber tritt in diesem Falle die Verpflichtungskraft nur in Wirksamkeit, wenn das Geld wirklich gegeben ist; also in Verbindung mit der Beweiskraft des in der Urkunde enthaltenen Zeugnisses über die Auszahlung des Geldes. Daneben aber wird die Quittung in unzähligen Fällen auch gebraucht, um auf beliebig andere Gründe hin eine Schuld als erledigt anzuerkennen; ein Gebrauch, der unserem Rechtsleben gewissermaßen aufgedrängt wird, weil es an jeder anderen einfachen Form des negativen Anerkennungsvertrages fehlt. Natürlich ist in diesem Falle die bezeugte „Geldzahlung" nur fictiv. In Wahrheit ist die Verpflichtungskraft der Quittung von einer Geldzahlung unabhängig.

In dieser ihrer Doppelnatur geht die Quittung ganz parallel mit dem Darlehnsschein. Dieser kann bestimmt sein, gegen eine Barzahlung ausgetauscht zu werden; der eigentliche Fall des Darlehns. Er kann aber auch dazu dienen, eine bereits bestehende Verbindlichkeit anzuerkennen; ein Fall, von welchem § 454 des Entwurfs handelt. (Anders als in der Form der Hingabe eines Scheines wird die dort besprochene „Vereinbarung" kaum jemals vorkommen.) In beiden Fällen bildet der Darlehnsschein einen formalen Verpflichtungsact. In dem einen Falle aber ist die Wirksamkeit dieses Verpflichtungsactes durch die Hingabe des Geldes bedingt; in dem andern nicht.

Auf diesen Rechtsacten, Darlehnsschein und Quittung, lastete nun, wie ein Fluch, die Lehre von der exceptio non numeratae pecuniae, so wie sie von Theorie und Praxis verstanden wurde. Die in der Natur der Sache liegenden Aussprüche des römischen Rechtes, daß, wenn Darlehnsschein und Quittung dazu bestimmt sind, gegen eine Barzahlung ausgetauscht zu werden, ihre Verpflichtungskraft nicht anders zur Geltung komme, als wenn das Geld auch gezahlt sei, mißverstand man dahin, daß Darlehnsschein und Quittung anfangs „nichts beweisen". Von dieser unbegreiflichen Mißlehre wurden in erster Linie Darlehnsschein und Quittung gerade in der Bedeutung getroffen, an welche man zunächst bei ihnen denkt, daß sie nämlich gegen Barzahlung ausgetauscht seien. Weil man aber nur diese Bedeutung im Auge hatte, fand man es nicht minder unbegreiflich, daß nach den römischen Bestimmungen jene Urkunden mit Ablauf einer gewissen

Zeit „unbedingt beweisen" sollen. Wie konnte man sich entschließen, so aus einem Extrem in das andere zu fallen? Ein Gegenbeweis, meinte man, müsse doch wenigstens zulässig sein. Die Praxis ließ also diesen Gegenbeweis zu. Natürlich fand man denselben darin, daß bewiesen wurde, es sei kein Geld auf die Urkunde bezahlt worden. Daß dieser Gegenbeweis nur auf den Fall paßt, wo Darlehnsschein und Quittung bestimmt waren, im Austausch gegen bares Geld gegeben zu werden, nicht aber auch auf den anderen Fall, wo Darlehnsschein und Quittung zur Anerkennung einer bestehenden Schuld oder Schulderledigung gegeben worden sind, das erkannte man nicht, weil man jener Doppelrolle, welche Darlehnsschein und Quittung in unserem Rechtsleben spielen, sich nicht bewußt war, und weil man überhaupt von einer formellen Verpflichtungskraft der Urkunden, die gerade in diesem letzteren Falle zur Geltung kommt, keine Ahnung hatte.

Von diesem Standpunkte aus glaubte man ohne Zweifel, die Mißlehre von der exceptio non numeratae pecuniae vollständig damit zu heilen, wenn man in Art. 295 des HGB. und darnach auch in § 17 des Einf.-Ges. zur CPrO. vorschrieb: „Die Beweiskraft eines Schuldscheins oder einer Quittung ist an den Ablauf einer Zeitfrist nicht gebunden". Damit ist aber nur der halbe Mißstand dieser Lehre beseitigt. Er ist beseitigt für die Fälle, wo Darlehnsschein und Quittung zum Austausch gegen Barzahlung bestimmt sind. In den zahlreichen Fällen aber, wo Darlehnsschein und Quittung die Bedeutung eines Anerkennungsvertrages über eine anderweitige Schuldbegründung oder Erledigung haben, lag der Mißstand der Lehre nicht bloß in der angenommenen Beweislosigkeit jener Urkunden, sondern in jenem trügerischen Gegenbeweise, den die Praxis, weil sie die römische Lehre nicht verstand, unbeschränkt zugelassen hatte. Für diese Fälle genügt daher jene Vorschrift in keiner Weise, um den Urkunden zu ihrem Rechte zu verhelfen. Vielmehr entsteht nun für den Inhaber folgende Lage.

Beruft sich die Partei zum Beweis der Erledigung ihrer Schuld auf die in ihrer Hand befindliche Quittung — ich werde fortan nur von der Quittung reden; beim Darlehnsschein verhält es sich ebenso — so tritt der andere Theil mit der Behauptung gegenüber: „Es ist kein Geld auf die Quittung bezahlt worden". Das kann die erstere Partei nicht leugnen, wenigstens nicht einen darüber zugeschobenen Eid ausschwören. Sie sagt aber: „Die Quittung ist aus anderen Gründen ausgestellt, und ich nehme ihre Natur als eines formellen Schulderlasses (ganz im Sinne des § 290 Abs. 3) in Anspruch". Dann sagt das Gericht: „Nun ist der Gegenbeweis gegen die Quittung (daß kein Geld gezahlt sei) erbracht, und die Quittung gilt nichts, wenn nicht ihr Inhaber beweist, daß derselben eine andere Art der Schulderledigung zu Grunde liegt". Mit der Forderung dieses Beweises ist der unglücklichen Partei die Quittung unter den Händen weggezogen. Sie hat geglaubt, in der Erklärung des Gegners „Ich bin bezahlt" den sichersten Beweis der Schulderledigung in Händen zu haben; und nun zerplatzt dieser Beweis wie eine Seifenblase.

Dies war der Grund, weshalb die Römer, bei welchen Darlehnsschein und Quittung bereits in ganz gleicher Weise gebraucht wurden, die Vorschrift aufstellten: „Nach Ablauf einer gewissen Frist soll der Aussteller (wenn er nicht inzwischen Protest erhoben hat) mit dem Beweise, daß kein Geld auf die Urkunde gezahlt sei, nicht mehr gehört werden". Sie erkannten eben das durchaus Trügerische dieses Beweises, wie aus ihren Aussprüchen klar hervorgeht. Das kann man freilich nur verstehen, wenn man sich der Doppelrolle, welche Darlehnsschein und Quittung in unserem Rechtsleben spielen, bewußt ist.

Ich will noch erwähnen, daß in der Praxis der kurhessischen Gerichte man sich zwar von der Zulassung jenes „Gegenbeweises" nicht trennen konnte. Man brach aber der Gefahr desselben dadurch die Spitze ab, daß man dem Inhaber der Quittung, wenn ihm über die „Nichtzahlung des Geldes" der Eid zugeschoben wurde, gestattete, diesen Eid dahin anzunehmen und zu leisten, daß er statt der Zahlung des Geldes auch die von ihm behauptete anderweite Schulderledigung beschwören durfte. (Vgl. Ihering's Jahrbücher Bd. 2 S. 446 f.; wo auch [S. 451 und dazu Bd. 3 S. 357] von einem Falle berichtet wird, in welchem einer seit langen Jahren in den Händen des Schuldners befindlichen Quittung über 10000 Thaler mit diesem trügerischen Beweis der „Nichtzahlung des Geldes" ein Bein gestellt werden sollte.)

Meiner Ansicht nach kann eine Gesetzgebung, welche den Bedürfnissen des Lebens genügen will, diese Verhältnisse nicht unbeachtet lassen. Man kann auch nicht etwa sagen: „Es braucht ja Niemand einen Darlehnsschein oder eine Quittung in diesem Sinne sich ausstellen zu lassen". Wir haben nun einmal keine Stipulation und keine Acceptilation. Der Mangel jeder anderen Form zur Deckung des in dieser Richtung obwaltenden praktischen Bedürfnisses wird immer wieder diese Urkunden in der fraglichen Bedeutung auftauchen lassen. Nicht unserem Rechtsleben ist daraus ein Vorwurf zu machen; wohl aber der Jurisprudenz, wenn sie keine Mittel findet, diesen Rechtsformen, die das Leben nicht entbehren kann, gerecht zu werden.

Es bleiben nun noch einige Worte über die Motive zu diesem Paragraphen zu sagen. Um den Erlaßantrag als ein abstractes, von seiner causa unabhängiges Rechtsgeschäft zu charakterisiren, wird gesagt: „Der Erlaß ist nach Auffassung des Entwurfs ein Veräußerungsvertrag, sog. dinglicher Vertrag". „Selbstverständlich können die Parteien auch einen nur obligatorischen Vertrag des Inhalts schließen, der Gläubiger solle nicht fordern dürfen, oder das frühere Schuldverhältnis solle dergestalt außer Kraft treten, daß es für die Rechtsbeziehungen der Parteien so anzusehen sei, als hätte es nie bestanden". Das sind recht sonderbare Anschauungen! Der Erlaßvertrag ein „dinglicher Vertrag"? In der That eine ganz neue Anwendung dieses Begriffes[1]). Und

[1]) Da dieser juristische Scherz sich noch öfters in den Motiven wiederholt, so will ich meine Vermuthung aussprechen, wie man dazu gekommen ist. Die Tradition und ähnliche auf Begründung eines dinglichen Rechts gerichtete Ver-

wie denkt sich wohl der Verf. im Gegensatz zu diesem dinglichen Vertrag den „obligatorischen Vertrag, daß der Gläubiger nicht solle fordern dürfen"? Hat der Verf. schon einmal einen solchen Vertrag gesehen? — Nachdem sodann der Verf. über den negativen Schuldanerkennungsvertrag im Sinne des Entwurfs gehandelt, fährt er so fort: „Eine Entscheidung der Frage, inwiefern eine Quittung als ein abstracter Erlaßvertrag oder negativer Anerkennungsvertrag anzusehen ist, so daß dieselbe materiell das Erlöschen des Schuldverhältnisses in gleicher Art, wie die Erfüllung, bewirkt, ist weder erforderlich noch räthlich. Es ist Thatfrage, ob die Quittung eine Auslegung in diesem Sinne gestattet, und die Beantwortung wird einerseits vom Inhalte und von der Fassung der Quittung, andrerseits von der wechselnden Verkehrssitte und von den gewissen Ausdrücken im Verkehre gewöhnlich beigelegten Bedeutung abhängen". Diese Aeußerung zeigt vollends, daß der Verf. mit seinen Theorien nur in Luft schwebt, nicht auf der Erde lebt. In dem Augenblicke, wo er an die praktische Erscheinungsform des negativen Anerkennungsvertrags herantritt, zerfließt ihm dieser Begriff unter den Fingern. Er meint offenbar, eine Quittung sei nur dann ein negativer Anerkennungsvertrag, wenn ihr ein wirklicher Erlaß der Schuld zu Grunde läge. Wie nun aber diese „Thatfrage" mittels „Auslegung" einerseits aus dem Inhalte und der Fassung der Quittung, andrerseits aus der Verkehrssitte und den Verkehrsausdrücken herausgefunden werden soll, das ist wieder völlig räthselhaft. Es ist tief zu beklagen, daß durch die Motive solche ungesunde Ansichten Verbreitung finden.

Zu § 298.

Die Eingangsworte: „Wer sich durch Vertrag zur Abtretung einer Forderung verpflichtet", beruhen auf der Ansicht, daß jede

träge hat man (nach Savigny Syst. III. S. 313) völlig zutreffend „dingliche Verträge" genannt. Diese Verträge haben eine abstracte Natur, d. h. sie wirken unabhängig von ihrer causa. Und nun redet man überall, wo man einem Rechtsgeschäfte von abstracter Natur begegnet oder zu begegnen glaubt von einem „dinglichen Vertrage". Welche Begriffsverwirrung!

Cession in Erfüllung einer vorausgegangenen Verpflichtung erfolge. Das ist unrichtig. Die Vereinbarung der Cession braucht keine Verpflichtung zu solcher zu sein. Die causa eines Rechtsgeschäfts ist nicht identisch mit einem Verpflichtungsacte. Die Worte müßten lauten: „Wer eine Forderung vertragsweise abtritt".

Außerdem bin ich, trotz der Ausführung in den Motiven, der Ansicht, daß der Paragraph folgenden Zusatz erhalten sollte:

Im Zweifel hat der Abtretende, wenn er wegen Nichtbestandes der Forderung haftbar gemacht wird, dem Erwerber nur den empfangenen Gegenwerth nebst Zinsen zu ersetzen.

Es kommt im heutigen Rechtsleben vielfach vor, daß Forderungen gerade als unsichere von Anderen, welche ein Geschäft daraus machen, zu einem geringeren Preise aufgekauft werden. Es widerstreitet durchaus dem Gerechtigkeitsgefühl, wenn ein solcher Erwerber, der mit der Forderung nicht durchlangt, den Abtretenden für den vollen Betrag der Forderung in Anspruch nehmen darf. Wer eine Forderung für einen geringen Preis kauft und gleichwohl für deren vollen Bestand den Verkäufer haftbar machen will, mag sich dies ausdrücklich vorbehalten. Der entsprechende Art. 194 des Schweizer Oblig.-R. ist daher eine durchaus gesunde Vorschrift. Die gegentheilige Bestimmung des Entwurfs würde nur dem Wucher zu Gute kommen. Uebrigens ist auch auf gemeinrechtlichem Gebiete so erkannt worden (vgl. Entsch. d. OTr. zu Berlin bei Seuffert Bd. 29. 231). Aus dem obigen Satz würde auch von selbst folgen, daß für eine geschenkte Forderung keine Haftbarkeit eintritt.

Zu § 308.

Die „Anzeige des bisherigen Gläubigers" gewährt, wenn sie formlos (z. B. mündlich bei einer Begegnung auf der Straße) geschehen ist, dem Schuldner keinen genügenden Schutz, weil sie abgeleugnet und dann vielleicht nicht bewiesen werden kann.

Dürfte der Schuldner nicht auch dann, wenn er auf die Kündigung oder Mahnung des neuen Gläubigers zahlt, die Vorlage und auch die Aushändigung der Cessionsurkunde begehren?

Für den Fall, daß es zum Processe kommt, betrachtet der Entwurf wohl das Recht des Schuldners, dem bisherigen Gläubiger den Streit zu verkünden, als genügendes Sicherungsmittel für denselben.

Zu § 314 f.

Daß Jemand sich dem Gläubiger eines Andern zur Zahlung der Schuld dieses Andern durch Vertrag (römisch-rechtlich durch Stipulation) verbindlich machen kann, und zwar mit der Wirkung, daß schon durch diesen Vertrag der bisherige Schuldner befreit wird, ist längst bekannt. Es ist dies das Rechtsgeschäft, welches Expromission genannt wird. In Folge dieses Geschäftes hat also der Expromittent statt des bisherigen Schuldners die Schuld an den Gläubiger zu bezahlen. Ist nun damit die „Schuld" auf den Expromittenten übergegangen? Hat der Gläubiger wider ihn die Schuldklage, die er bisher gegen den ursprünglichen Schuldner hatte? Keineswegs! Er haftet aus seinem eigenen Schuldversprechen. Die Klage, die der Gläubiger gegen ihn anstellt, ist nicht die alte Schuldklage, sondern die Klage aus der Stipulation. Nur thatsächlich gibt für diese Klage die frühere Schuld den Stoff ab. Nur in diesem thatsächlichen Sinne kann man sagen, die Schuld sei auf den neuen Schuldner übergegangen. Und zwar gestaltet sich die Sache verschieden, je nach der Art, wie die Stipulation gestellt war. Hatte der Gläubiger die Stipulationsfrage dahin gestellt: Centum, quae Titius ex causa venditi fundi Corneliani mihi debet, dare spondes? dann war der Expromittent 100 als festgestellte Schuld des Titius schuldig geworden. Zur Begründung der Stipulationsklage bedurfte es einer Begründung der ursprünglichen Schuld nicht weiter; der Expromittent konnte dieselben in dem festgestellten Betrage nicht mehr bestreiten. Wäre dagegen die Stipulationsfrage dahin gestellt gewesen; Quidquid Titius ex causa . . . mihi debet, dare spondes? dann wäre damit der Bestand der Schuld nur relativ anerkannt gewesen. Und die Folge wäre, daß der Gläubiger zur Begründung seiner Stipulationsklage den Bestand der ursprünglichen Schuld darlegen muß, auch der Expromittent dieselbe noch bestreiten und Einwendungen dagegen vorbringen kann. In diesem Sinne kann man sagen, daß die Stipulationsklage die ursprüngliche Schuldklage in sich faßte.

Von dem bisher besprochenen Rechtsgeschäfte handelt der § 314. Er nennt es (nach Vorgang des preuß. Landrechts I. 14 § 399) „Schuldübernahme". Und in der That kann man es ja so nennen. Wenn man aber heute die Bedeutung der „Schuldübernahme" bespricht, so versteht man in der Regel etwas anderes darunter; nämlich die Vereinbarung bei einem Rechtsgeschäfte (in der Regel einem Kauf, einer Geschäfts- oder Gutsübernahme), daß der eine Contrahent (der Käufer) auf das, was er dem anderen (dem Verkäufer) aus dem Geschäfte schuldig wird, die Schuld des letzteren an einen Dritten übernimmt. Nur dieses Geschäft werde ich fortan Schuldübernahme nennen, dagegen für das oben gedachte den Namen Expromission beibehalten.

Welche rechtliche Bedeutung hat nun eine solche Schuldübernahme? Man sollte denken, die Antwort wäre sehr einfach. Der Schuldübernehmer verpflichtet sich, das, was er selbst schuldig wird, in der Weise abzutragen, daß er damit eine Schuld seines Mitcontrahenten bei dessen Gläubiger tilgt. Jede Schuldübernahme ist eine obligatorische Verpflichtung aus dem Rechtsgeschäft, welches ihr zu Grunde liegt. Liegt ihr ein Kauf zu Grunde, so ist die Schuldübernahme ein creditirtes Stück Kaufgeld, das nach Maßgabe der für die übernommene Schuld geltenden Bestimmungen berichtigt werden soll [1]). In diesem Sinne ist jede Schuldübernahme nichts anderes als eine „Erfüllungsübernahme" (ein modern erfundener Ausdruck). Eine Verpflichtung, in anderer Weise als durch Erfüllung den ursprünglichen Schuldner zu befreien, kann schon deshalb der Schuldübernehmer verständigerweise nicht auf sich nehmen, weil er eine solche Befreiung gar nicht in seiner

[1]) Freilich sagen die Motive (S. 143) auch hier wieder: „Die Schuldübernahme ist, wie die Abtretung, Veräußerungsvertrag, sog. dinglicher Vertrag, und als solcher formfrei." Das sind Worte, für die mir jedes Verständnis fehlt.

Hand hat. Nur die Zahlung der Schuld muß der Gläubiger, unabhängig von seinem Willen, auch durch einen Dritten sich gefallen lassen. Tausend Verträge dieser Art sind mir durch die Hände gegangen, in denen nichts anderes stand als: „Käufer, Gutsübernehmer ꝛc. übernimmt auf den Kaufpreis, den Ansatzpreis ꝛc. folgende Schulden". Findet der Schuldübernehmer es in seinem Interesse liegend, schon vor dem Abtrag der Schuld von solcher befreit zu werden, so mag er in den Vertrag hineinsetzen — und das kommt mitunter auch vor — daß zu seiner Befreiung der Schuldübernehmer die geeigneten Schritte thue. Aber eine solche Bestimmung bleibt stets eine hinkende. Geht der Gläubiger nicht auf die Freigebung ein, so bleibt die Schuldübernahme nichts anderes, als eine Erfüllungsübernahme. Will also der Schuldner seine baldige Befreiung sichern, so bleibt ihm nur das Mittel, den Schuldübernehmer zur Abtragung der Schuld innerhalb bestimmter Zeit zu verpflichten. Die ganze Unterscheidung zwischen Schuldübernahme und Erfüllungsübernahme entbehrt hiernach jeder Realität. Vollends aber fehlt jede Grundlage dafür, aus der Erklärung, „daß Käufer die und die Schuld übernehme" herauszulesen, daß der Käufer sich verbindlich mache, noch in anderer Weise als durch Abtrag der Schuld den Verkäufer zu befreien. Hätte man doch durch praktische Beispiele anschaulich gemacht, an welche Kriterien sich diese Erkenntnis knüpfen solle.

Um den bisherigen Schuldner ohne Abtragung der Schuld zu befreien, dazu bieten sich zwei Wege dar. Einmal kann der Schuldübernehmer dem Gläubiger ein der Schuld entsprechendes Schuldversprechen leisten, unter der Bedingung, daß dieser dagegen den bisherigen Schuldner freigibt. Geht der Gläubiger darauf ein, so liegt eben eine durch die Schuldübernahme veranlaßte Expromission ganz in dem obigen Sinne vor. Es kann aber auch der bisherige Schuldner dem Gläubiger das Anerbieten machen, ihn gegen Abtretung seiner (des Schuldners) aus der Schuldübernahme erworbenen Rechte von der Schuld freizugeben. Diese erworbenen Rechte sind keine anderen, als die Rechte aus dem der

Schuldübernahme zu Grunde liegenden Rechtsgeschäfte, also wenn ein Verkauf der Schuldübernahme zu Grunde liegt, die Klage aus dem Verkauf. Geht der Gläubiger darauf ein, so wird auch auf diese Weise der bisherige Schuldner von seiner Verbindlichkeit frei, und der Gläubiger kann sich wegen seiner Schuld zunächst nur an den Schuldübernehmer halten. Die Klage, die er gegen diesen hat, ist aber auch hier nicht die alte Schuldklage, sondern die ihm cedirte actio venditi, die im Umfang der übernommenen Schuld auf ihn übergegangen ist.

Beide Rechtsgeschäfte haben jedoch nicht ganz gleiche Wirkung. Hat der Schuldübernehmer bei dem Gläubiger expromittirt, so hat er damit eine selbständige, von seiner Verpflichtung aus der Schuldübernahme unabhängige Verpflichtung übernommen; und er kann dem Gläubiger (quia suum recipit; l. 12 D. de novat.) Einwendungen aus seinem Verhältnis zum bisherigen Schuldner nicht entgegensetzen. Hat dagegen der bisherige Schuldner durch Abtretung seiner Rechte aus der Schuldübernahme seine Befreiung erwirkt, so muß der Gläubiger als Cessionar sich alle Einreden des Schuldübernehmers aus seinem Verhältnis zum bisherigen Schuldner gefallen lassen. Werden solche Einreden gegen ihn mit Erfolg geltend gemacht, so hat er seinen Regreß wider den bisherigen Schuldner (seinen Cedenten) zu nehmen.

Die einzige Frage, welche gemeinrechtlich bei der Schuldübernahme Schwierigkeiten machte, war die: hat der Gläubiger auch ohne ein solches mit dem Schuldübernehmer oder dem bisherigen Schuldner abgeschlossenes Rechtsgeschäft wider den Schuldübernehmer eine Klage auf Bezahlung seiner Schuld? Der allgemeine Grundsatz, daß Verträge nur Rechte unter den Contrahenten geben, schien dem entgegenzustehen. Nun hatte sich aber schon seit langer Zeit im Anschluß an einige Stellen des römischen Rechtes in der Praxis die Ansicht gebildet, daß bei Verträgen, welche eine vereinbarte Leistung einem Dritten zuweisen, auch dieser Dritte ein aus dem Rechte des die Leistung ausbedingenden Contrahenten abgeleitetes, allerdings von diesem Rechte in ständiger Abhängigkeit verbleibendes Klagerecht (eine actio utilis) habe. Solche Verträge nannte man Verträge zu Gunsten Dritter. Diese Lehre wurde vorzugsweise bei der Schuldübernahme angewendet, und kraft derselben wurde dem Gläubiger ohne Weiteres eine Klage auf Zahlung seiner Schuld wider den Schuldübernehmer gewährt. Das war z. B. in Kurhessen schon vor länger als einem halben Jahrhundert feststehende Praxis[1]). Aber auch diese Klage war nicht etwa die „Schuldklage", sondern es war die, zwar nicht als ein selbständiges Recht, wohl aber kraft unterstellter Ermächtigung auf den Gläubiger übergegangene Klage des bisherigen Schuldners wider den Schuldübernehmer (also bei einem Verkaufe die actio venditi). Es unterlag daher auch diese Klage allen gegen die actio venditi des Verkäufers begründeten Einreden. Selbstverständlich blieb neben dieser Klage dem Gläubiger auch sein Recht wider den ursprünglichen Schuldner. Dieser konnte nur durch ein Rechtsgeschäft der oben gedachten Art befreit werden. Die Frage, ob der Schuldübernehmer, wenn der Gläubiger gegen ihn auftrat, Einreden wider die ursprüngliche Schuld erheben konnte, hing auch hier wieder davon ab, wie die Schuld übernommen war. War sie als eine feststehende übernommen, so kann der Schuldübernehmer Einreden wider die Schuld nicht weiter erheben. Er hat ja in diesem feststehenden Betrage den Kaufpreis zu zahlen versprochen. Anders, wenn der Schuldübernehmer Schulden in unbestimmtem Betrag übernommen hätte (z. B. er hätte in dem Vertrage „sämmtliche Klipperschulden" des Veräußerers zu zahlen übernommen). Dann würde er jede einzelne als solche eingeklagte Schuld bestreiten können.

Wo sich nun in dieser Weise das Recht der Schuldübernahme ausgebildet hatte, da fand das praktische Bedürfnis darin seine volle Befriedigung. Niemand dachte an eine Aenderung. Da trat vor einigen dreißig Jahren Delbrück, ein strebsamer aber unklarer Kopf, mit seiner Schrift von der „Schuldübernahme" auf.

---

[1]) Vgl. Pfeiffer, prakt. Ausf. Bd. 4 S. 152 Note 9 (1836).

Nun sollte auf einmal die Schuld ein Vermögensstück sein, welches, ebenso wie eine Forderung, von Einem auf den Andern übertragen werden könne. Und seitdem haben solche Gedanken bei einem Theil unserer Theoretiker ihr Wesen getrieben. Es kam hinzu, daß in Preußen die Lehre eine durchaus unbefriedigende Gestalt erhalten hatte, weil das Landrecht die actio utilis des Gläubigers, für welche doch ein dringendes praktisches Bedürfnis vorliegt, nicht kannte, und weil die zur Abhilfe bestimmte Vorschrift in § 41 des Gesetzes vom 5. Mai 1872 vielfach nicht verstanden wurde. Aus dem allen ist die Verwirrung in dieser Lehre hervorgegangen, welcher jetzt der Entwurf die Krone aufsetzen will. Auch er will, wie die Motive uns belehren, dem Verkehrsbedürfnis entsprechend, eine Sondernachfolge in die Schuld construiren. Ebenso, wie die Forderung, soll auch die leibhaftige Schuld von Einem auf den Andern übertragen werden können; ein juristisch unmöglicher Gedanke.

Um dies zu erzielen, bestimmt § 315, daß, wenn zwei Contrahenten unter sich eine Schuldübernahme verabreden, jeder derselben das Recht haben soll, dem Gläubiger von dem Vertrage Mittheilung zu machen, und dann soll durch die ausgesprochene Genehmigung des Gläubigers eine „Schuldübernahme" im Sinne des § 314, d. h. nach Art der Expromission, vor sich gehen. Wäre mit der dem Gläubiger zu machenden „Mittheilung" und der „Genehmigung" desselben ein Angebot und eine Annahme der oben als möglich bezeichneten Rechtsgeschäfte gemeint, so wäre ja dagegen nichts zu sagen. Offenbar hat aber der Entwurf etwas ganz anderes im Sinne. Die Schuldübernahme soll ein ganz eigenthümliches, noch nie dagewesenes Rechtsgeschäft sein, welches Schuldüberweiser und Uebernehmer für den Gläubiger abgeschlossen haben, und das dieser deshalb durch „Genehmigung" sich aneignet. Ist dem nun wirklich so? Die ganze Unterstellung schlägt der Wahrheit des Lebens ins Gesicht. Schuldüberweiser und Uebernehmer schließen die Schuldübernahme, die einen Theil ihres Vertrages bildet, für sich, in ihrem Interesse ab, und sie denken nicht daran, ein Rechtsgeschäft für den Gläubiger zu schließen. Dieser hat daher auch nichts zu „genehmigen“. Wollen sie, um die Befreiung des bisherigen Schuldners zu erwirken, mit dem Gläubiger sich einlassen, so kann es nur im Sinne der obengedachten Rechtsgeschäfte geschehen.

Der Entwurf enthält auch noch eine andere Irrung. Der § 315 erkennt zwar an, daß „bis zur Ertheilung der Genehmigung“ des Gläubigers (richtiger: bis dahin, daß der Gläubiger durch Vertrag oder Cession ein selbständiges Recht erworben hat) die Vertragschließenden den Vertrag aufheben oder ändern können. Die Motive aber fügen hinzu: „Einseitig kann keiner derselben willkürlich zurücktreten.“ Auch das ist nicht richtig. Wenn der Schuldübernehmer kein Interesse dabei hat, daß mit seinem Gelde der Dritte bezahlt werde, so kann der Schuldüberweiser auch einseitig die Schuldüberweisung zurücknehmen. Der Betrag derselben wächst ihm dann als eigenes Forderungsrecht wieder zu; gerade so, wie er ihm auch wieder zuwächst, wenn der Gläubiger in anderer Weise, als durch Zahlung des Schuldübernehmers, befriedigt wird. Und was wird im Sinne des Entwurfs aus der Schuldübernahme, wenn der Gläubiger die „Genehmigung“ verweigert? Der Entwurf gibt darauf keine Antwort. Nur zu § 318 Abs. 2 wird in den Motiven (S. 150) gesagt, daß, „so lange die perfecte Schuldübernahme in suspenso sei, es bei der Erfüllungsübernahme sein Bewenden habe“. Kann man denn deutlicher sagen, daß jede Schuldübernahme nur eine „Erfüllungsübernahme“ ist, in die man nur willkürlich eine Verpflichtung des Schuldübernehmers, den bisherigen Schuldner sofort zu befreien, hinein tragen will?

Auf die eigentlich brennende Frage bei der Schuldübernahme, ob der Gläubiger ohne Weiteres eine Klage auf Zahlung der Schuld (die actio utilis des römischen Rechts) gegen den Schuldübernehmer habe, gibt der Entwurf keine Antwort. Die Motive (S. 148) sagen: es sei das eine an der Hand des § 412 zu entscheidende Thatfrage. Und auf S. 150 werden wir dann weiter belehrt, es könne ein solches Recht nach den Grundsätzen von den Verträgen zu Gunsten Dritter (§ 412) dem Gläubiger nur dann beigelegt werden, „wenn eine derartige besondere Begünstigung des Gläubigers in concreto als gewollt erhellt". Der Motivenschreiber steht also noch auf dem Standpunkt, daß „Verträge zu Gunsten Dritter", welche dem Dritten ein Klagrecht geben, nur solche Verträge seien, durch welche man dem Dritten eine besondere Gunst habe erweisen wollen. Der § 412 selbst ist so schwächlich gefaßt, daß das Klagrecht des Gläubigers aus der Schuldübernahme völlig dahingestellt bleibt. So behandelt der Entwurf eine Frage des dringendsten praktischen Bedürfnisses.

Um zu erläutern, wie sich die Lehre des Entwurfs praktisch ausnehmen wird, will ich hier einige Rechtsfälle aufführen.

1. A. schuldet dem T. ein Kapital und wird von diesem wegen der rückständigen Zinsen gedrängt. Da erhält T. von A. folgenden Brief:

Es ist mir gelungen, mein Haus an N. zu verkaufen. In dem abgeschlossenen Kaufvertrag hat N. meine Schuld an Sie mit sämmtlichen rückständigen Zinsen übernommen. Die Auflassung und Uebergabe wird nächste Woche erfolgen. Da Sie hiernach völlig gesichert sind, bitte ich die Maßregeln gegen mich einzustellen.

T. antwortet sofort:

Ich genehmige die Schuldübernahme und werde meinen Anwalt benachrichtigen, daß er von weiteren Schritten gegen Sie absteht.

Tags darauf brennt das Haus ab und es kommt gar nicht zur Auflassung. Darauf klagt T. gegen N. aus der „Schuldübernahme" auf Kapital und Zinsen. Das Gericht erkennt:

In Erwägung, daß der Fall des § 315 hier vorliegt, da der bisherige Schuldner dem Gläubiger von der Schuldübernahme des Beklagten Mittheilung gemacht, der Gläubiger auch dieselbe genehmigt hat: wird N. verurtheilt.

2. Wir können den Fall auch so stellen. N. schreibt an T.:

Ich mache Ihnen hiermit die Mittheilung, daß ich heute das Haus des A. gekauft und in dem Kaufvertrag die Schuld an Sie übernommen habe. Die Auflassung und Uebergabe wird nächste Woche erfolgen. Ich will Sie jedoch schon jetzt benachrichtigen, daß, wenn Sie mir nicht vom 1. Juli an das Kapital zu 3½ Procent belassen, ich Ihnen dasselbe kündigen werde.

T. antwortet:

Ich genehmige die Schuldübernahme und bin auch bereit, Ihnen das Kapital zu 3½ Procent zu lassen.

Nun brennt das Haus ab und der Kauf wird rückgängig. T. aber klagt wider N. und das Gericht erkennt:

J. E., daß der Fall des § 315 hier vorliegt, da der Schuldübernehmer von seiner Schuldübernahme dem Gläubiger Mittheilung gemacht und dieser dieselbe genehmigt hat: wird N. verurtheilt.

3. A. schuldet dem T. ein Kapital. Beim Zinstermin findet sich N. bei T. ein und sagt: „Ich habe von A. ein Haus gekauft und darauf die Schuld des A. an Sie übernommen. Ich will hier die Zinsen bezahlen.“ „Gut“, sagt T., „zahlen Sie die Zinsen dahin.“ Er quittirt dann: „Von Herrn N., welcher die Schuld des A. übernommen hat, habe ich heute die Zinsen mit — erhalten.“

Bald darauf wird N. zahlunfähig. T. wendet sich nun gegen A. und verklagt diesen auf Zahlung. Er erhält folgendes Urtheil:

J. E., daß N. von seiner Schuldübernahme bei der Zinszahlung dem T. Mittheilung gemacht, T. auch dieselbe durch Annahme und Quittirung der Zinsen genehmigt hat, was um so mehr anzunehmen ist, als nach § 127 eine Genehmigung auch stillschweigend erfolgen kann; daß daher nach § 315 eine Schuldübernahme zu Stande gekommen ist, durch welche der ursprüngliche Schuldner befreit worden ist: wird Kläger abgewiesen.

4. N. kauft von A. ein Haus für 25000 M, zahlt darauf 10000 M baar und übernimmt für den Rest eine Schuld des A. an T. im Betrage von 15000 M. Einige Wochen darauf findet N., daß A. ihn betrogen, indem er geheime Mängel des Hauses ihm verschwiegen hat. Er hält sich dadurch für berechtigt, an dem Kaufpreis 10000 M zu kürzen. Da macht schleunigst A. dem T. die Mittheilung, daß N. seine Schuld übernommen habe. T. genehmigt dies sofort und klagt nun gegen N. auf Zahlung. N. wendet ein, daß er ein Recht habe, 10000 M von dem Kaufpreis zu kürzen, und deshalb auch T. sich diesen Abzug gefallen lassen müsse. Das Gericht erkennt:

J. E., daß durch die Mittheilung des A. und die Genehmigung des T. eine Schuldübernahme im Sinne des § 315 zu Stande gekommen ist; daß in diesem Falle nach § 316 der Schuldübernehmer Einwendungen aus dem Rechtsgrunde der zwischen ihm und dem bisherigen Schuldner vereinbarten Schuldübernahme nicht herleiten kann: wird N. verurtheilt, die Forderung des T. mit 15 000 Mark zu bezahlen.

5. A., dessen Vater soeben gestorben, will die schlecht geordneten Verhältnisse desselben reguliren. Um die Schulden abzutragen, entschließt er sich, Grundstücke an N. dergestalt zu verkaufen, daß dieser die Schulden übernimmt. Als Gläubiger hat sich auch T. gemeldet mit einem älteren Schuldschein über 500 *M.* In den Kaufvertrag wird also hineingesetzt, daß N. neben andern Schulden auch diese auf den Kaufpreis übernimmt. Kurz darauf findet A. in den Papieren seines Vaters eine Quittung, wonach die fragliche Schuld längst bezahlt ist. Er beeilt sich, dem N. Nachricht zu geben, daß er die Ueberweisung der 500 *M.* an T. zurücknehme und die Zahlung für sich selbst verlange. N. verweigert aber die Zahlung, weil er nur an T. zu zahlen brauche. A. verklagt ihn darauf. Das Gericht erkennt:

J. E., daß nach § 315 und der dazu gegebenen Erläuterung der Motive bei der Schuldübernahme die Vertragsschließenden bis zur Genehmigung des Gläubigers zwar gemeinschaftlich den Vertrag ändern, nicht aber einseitig davon zurücktreten können: wird Kläger abgewiesen."

Sind das nun gerechte Entscheidungen? Ich halte sie für durchaus ungerecht. Es würde auch nicht schwer sein, noch eine Menge Fälle ähnlicher Art zu construiren. Die ganze Aufstellung des Entwurfs ist praktisch unbrauchbar. Noch schlimmer aber sind die Motive. Wenn solche unwissenschaftlich gedachte Ausführungen in Deutschland mustergültig werden, dann ist es mit der Rechtswissenschaft zu Ende.

Merkwürdig ist übrigens, daß der Entwurf in dem verwandten Institut der Anweisung (Tit. 10) richtige Grundsätze aufstellt. Möchte man sich doch folgende Parallele klar machen, wenn sie auch nicht vollständig zutrifft. Der Schuldüberweiser ist der Anweisende, der Schuldübernehmer der Angewiesene, der Gläubiger der Anweisungsempfänger; nur daß hier der Anweiser die Anweisung zunächst an den Angewiesenen gibt, und der Anweisungsempfänger dann daraus consecutiv Rechte erlangt.

Zu § 345.

Die hier besprochene Haftpflicht kann gerechterweise doch nur für denjenigen eintreten, welcher seinerseits die unmögliche Leistung versprochen hat, nicht aber für den, welchem sie versprochen worden ist.

Zu § 349.

Wenn auch die Zustände, welche bei den Römern zu dem Verbot, über eine künftige Erbschaft zu pactiren, führten, heute nicht mehr bestehen, so ist doch nicht zu leugnen, daß auch in unserem Verhältnisse die allgemeine Zulässigkeit von Verträgen über die Erbschaft eines Dritten Gefahren in sich schlösse. Es könnte mancherorten ein Handel mit ausstehenden Erbtheilen üblich werden, der einem der Güterschlächterei ähnlichen Charakter annähme. Innerhalb gewisser Schranken besteht aber für die Zulassung solcher Verträge allerdings ein Bedürfnis, nämlich innerhalb der Familie. Es kommt nicht selten vor, daß ein Bruder, der auswandern und sein Geld mitnehmen will, seinem Bruder gegen Zahlung einer Summe sein elterliches Erbtheil abtritt. Gibt es einen vernünftigen Grund, einen solchen Vertrag für ungültig zu erklären? Die Motive vertrösten für diesen Fall damit, daß daß ja der Erblasser als Mitcontrahent an dem Vertrage theilnehmen könne, wodurch dann der Vertrag als Erbvertrag gültig werde. Wo das nicht möglich sei, unterbleibe ein solcher Vertrag besser ganz. Ich kann diesen Trost nicht für ausreichend erachten. Es können mannigfache Verhältnisse vorliegen, welche die Mitwirkung des Erblassers unthunlich machen, während gleichwohl die Abtretung des Erbtheils im unverkennbaren Interesse der Betheiligten liegt. Wenn man daher auch den Satz des § 349 im Allgemeinen aufrecht hält, so gestatte man doch, wie das preußische Landrecht thut, solche Verträge zwischen den gesetzlich berufenen

Erben. Dabei ist keine erhebliche Gefahr, und es würde damit ein praktisches Bedürfnis befriedigt werden.

Wenn die Motive meinen, aus einem Vertrage dieser Art könne doch nur ein obligatorisches Verhältnis entstehen, so verweise ich auf meine Bemerkungen zu § 488.

Zu § 351.

Es würde gewiß zu billigen sein, wenn sich der Paragraph darauf beschränkt hätte, für den Abschluß von Verträgen, durch welche man sich zur Uebertragung von Grundeigenthum verpflichtet, schriftliche Beurkundung zu fordern; und ich würde meinerseits kein Bedenken getragen haben, dieses Erfordernis auch auf alle Verträge, durch welche man sich zur Bestellung dinglicher Rechte an Grundeigenthum verpflichtet, auszudehnen. Für übertrieben aber halte ich es, gerichtliche oder notarielle Form zu fordern. In manchen Theilen Deutschlands gibt es „Grundstücke“, die nicht größer sind, als ein gewöhnliches Zimmer und die vielleicht für 30 Mark verkauft werden. Den Bauer zu nöthigen, wenn er ein solches Grundstück verkaufen will, vor Gericht oder zum Notar zu gehen und dort für die Aufnahme des Kaufvertrags schweres Geld zu zahlen, während er doch auch noch die Kosten der Auflassung bezahlen muß, ist ganz ungerechtfertigt. Gestattet man dem Bauer durch seine einfache Namensschrift auf einen Wechsel sich zu Hunderttausenden zu verpflichten, so kann man ihm wohl auch gestatten, einen schriftlichen Vertrag über ein Grundstück ohne Gericht und Notar abzuschließen. Die Annahme, daß die Mitwirkung dieser obrigkeitlichen Personen einen sorgfältigeren Abschluß solcher Verträge verbürge, hat im Allgemeinen wenig für sich.

Ich kann übrigens in dieser Frage auch noch aus Erfahrung reden. In Kurhessen bestand wirklich der Grundsatz, daß Verträge über Grundeigenthum (bei denen man den obligatorischen Vertrag von dem dinglichen — der Auflassung — nicht trennte) nur vor Gericht abgeschlossen werden können. Es gab jedoch ein Mittel, auch den außergerichtlichen Vertrag obligatorisch zu machen.

Es geschah dadurch, daß man ihn unter einer Reubuße abschloß. Aus einem solchen Vertrag konnte dann, wenn der gerichtliche Abschluß verweigert wurde, auf die Reubuße geklagt werden. Obgleich nun Niemand gern sich einer Reubuße unterwirft, auch solche Reubußverträge oft zu den widerwärtigsten Processen führten, so wurden sie doch alltäglich abgeschlossen; ein deutlicher Beweis, daß das Bedürfnis, Verträge über Grundeigenthum auch schon außergerichtlich bindend zu machen, ein lebhaft empfundenes war. Die Formvorschrift des § 351 wird daher sich als eine peinliche Schranke des Verkehrs fühlbar machen.

Der Abs. 2 läßt mit Recht den Vertrag auch ohne schriftliche Form zur obligatorischen Gültigkeit gelangen, wenn die Auflassung vollzogen ist. Fragen ließe sich aber, ob nicht die Wirkung obligatorischer Gültigkeit auch daran zu knüpfen sei, daß die Betheiligten — wie dies nicht selten vorkommt — durch Ueberlieferung des Grundstücks und Zahlung des Preises den Vertrag in Vollziehung gesetzt.

Zu § 366.

Den Gedanken, welcher diesem Paragraphen zu Grunde liegt, kann man billigen, wenn es sich um Leistungen handelt, die Zug um Zug zu bewirken sind. In solchen Fällen hat derjenige, welcher die Leistung von dem Andern fordert, gleichzeitig seine Leistung anzubieten. Hier bildet also das Angebot der Leistung eine Qualification der klägerischen Mahnung. Da nun die Mahnung überhaupt keinen wesentlichen Theil des Klaggrundes bildet, so ist es auch unbedenklich, zuzulassen, daß Kläger noch in der Replik erklärt: „Ich habe allerdings dem Beklagten meine Leistung angeboten". Um so mehr wird man auch noch die replikalische Erklärung zulassen müssen: „Ich habe dem Beklagten schon geleistet". Wäre in einem solchen Falle auf die Klage in contumaciam zu verurtheilen, so würde meiner Ansicht nach das Urtheil von Amts wegen dahin zu beschränken sein, daß Beklagter „gegen die Leistung des Klägers" zu leisten habe (§ 365). Das alles paßt aber nicht, wo nach der Natur des Geschäftes oder nach ausdrücklicher Vereinbarung der Kläger mit seiner Leistung vorauszugehen hatte. Wäre der § 366 grundsätzlich richtig, so würde man auch folgende Klage für begründet halten müssen:

Ich habe zu Ostern dem Beklagten auf seine Bitte ein Darlehn von 1000 Mark zugesagt, und Beklagter hat mir versprochen, dasselbe auf Christtag zurückzuzahlen. Da Christtag vorüber ist, bitte ich den Beklagten zur Zahlung von 1000 Mark zu verurtheilen.

Ist das nun eine begründete Klage? Würde man darauf in contumaciam verurtheilen? Das wäre Unsinn; und aus den Motiven (S. 306) ergibt sich, daß auch der Entwurf das nicht will.

Nicht besser aber wäre eine Klage folgenden Inhalts:

Beklagter hat bei mir auf Ostern eine Dreschmaschine bestellt, die ich ihm im Laufe der nächsten drei Monate liefern sollte. Den Preis derselben von 1000 Mark versprach er auf Christtag zu zahlen. Da Christtag vorüber ist, bitte ich den Verklagten zur Zahlung von 1000 Mark zu verurtheilen.

Nach § 366 würde der Beklagte auf diese Klage in contumaciam verurtheilt werden. Ja es würde das sogar geschehen müssen, wenn der Kläger ausdrücklich erklärte, die Maschine gar nicht geliefert zu haben. Wäre das nun vernünftig?

Wo bei gegenseitigen Verträgen der eine Theil mit der Leistung vorausgehen muß, ist im Sinne unseres heutigen Rechtes die Pflicht zur Leistung des Anderen von dieser Vorleistung bedingt. Es ist ein ungesunder Doctrinarismus, zu sagen, die Geltendmachung, daß der Gegner nicht vorgeleistet habe, sei nur eine „Einrede".

Zu § 367.

Daß derjenige, welcher eine ihm als Erfüllung angebotene Leistung als Erfüllung angenommen hat, qualitative oder quantitative Mängel dieser Leistung nur auf Grund eines entschuldbaren Irrthums bei der Annahme geltend machen und daß er die bezüglichen Beweise zu liefern hat, liegt in der Natur der Sache. Nach dem Entwurf soll nun aber (wenn ich die etwas räthselhaft klingenden Ausdrücke recht verstehe) in einem solchen Falle der Empfänger den Irrthum nicht mehr einredeweise geltend machen dürfen, sondern er soll die Gegenleistung unweigerlich bezahlen und wegen der Mängel auf eine selbständige Klage verwiesen sein. Die Motive belehren uns, daß man auch den Fall, wo „der Empfänger sich erweislich irrte", nicht ausnehmen könne, ohne den praktischen Werth der Vorschrift zu sehr zu beeinträchtigen. Das ist unerhörtes Recht. Würde auch dadurch manche unbegründete Einrede der Empfänger ausgeschlossen werden, so würde doch dafür dem Betrug der Lieferer Thor und Thür geöffnet sein. Wenn die Motive sagen, es brauche ja der Empfänger die Leistung nicht eher als Erfüllung anzunehmen, als nachdem er die erforderliche Untersuchung vorgenommen habe, so dürfte das schwerlich zur Rechtfertigung ausreichen. Auch bei einer Untersuchung kann man irren.

Zu § 370.

Den Eingangsworten liegt derselbe Irrthum zu Grunde, wie dem Eingang des § 298. Man hätte sich dessen schon dadurch bewußt werden können, daß man die betheiligten Personen „Veräußerer" und „Erwerber" nennt. Ist denn derjenige, welcher sich „durch Vertrag zur Veräußerung verpflichtet" „Veräußerer?" Ist die Verpflichtung zur Veräußerung, welche in einem obligatorischen Kauf-, Tausch- oder Schenkvertrage liegt, identisch mit der Veräußerung selbst? Nein, die Veräußerung wird vollzogen durch den dinglichen Vertrag, durch die Uebergabe oder die Auflassung. Wer diese vornimmt, „verpflichtet" sich aber nicht zur Veräußerung, sondern er veräußert. Die Veräußerung kann auch vorgenommen werden ohne jede vorgängige Verpflichtung dazu. Und doch haftet der Veräußerer für Gewährleistung. Es müßte also heißen: „Wer eine Sache vertragsweise veräußert."

Zu § 371.

Wenn hier der Entwurf eine Gewährleistungspflicht für sämmtliche Grunddienstbarkeiten schaffen will, so wird dies in den Gegenden Deutschlands, wo die Landwirthschaft noch in alter Weise betrieben wird, und wo das Grundeigenthum sehr zersplittert ist, schwer zu ertragen sein.

Zu § 374.

Dieser Paragraph scheint mir bedenklich. Ich stelle die Fragen:

Kann derjenige, welcher ein Grundstück für 20000 M erworben hat, wegen einer darauf haftenden ihm unbekannt gebliebenen Dienstbarkeit, die den Werth des Grundstücks um 500 M verringert, und die der Verkäufer wegzuschaffen gar nicht im Stande ist, den ganzen Kaufpreis zurückhalten?

Und kann er es im gleichen Falle, wenn eine Hypothek von 500 M darauf haftet?

Die Andeutung in den Motiven (S. 217), daß in einem solchen Falle mit replica doli geholfen werden könne, ist theoretisch falsch gedacht, findet aber auch in dem Wortlaut des Gesetzes keine Stütze.

Zu § 381.

Den Eingangsworten liegt wieder der bei §§ 298 und 370 besprochene Irrthum zu Grunde.

Zu § 388.

Es gibt Länder, wo die Angabe der Größe des Grundstücks einen Theil der katastermäßigen Bezeichung desselben bildet. Es wäre klar auszusprechen, daß diese Größenbezeichnung keine Gewährleistung in sich schließe. Es könnten sonst leicht die häßlichsten Processe daraus entstehen.

Zu § 407.

Die Verjährung des Anspruchs auf Wandlung innerhalb zweier Wochen vom Ablauf der Gewährfrist wird sich unter Umständen als unzweckmäßig erweisen, wenn von den Parteien ein Verfahren zur Sicherung des Beweises eingeleitet ist. Dieses Verfahren ist möglichst zu begünstigen, weil durch dessen Ergebnis oft der ganze weitere Proceß erübrigt wird. Eine solche Beweisaufnahme kann aber mitunter nicht so schnell erledigt werden (z. B. wenn eine ärztliche Beobachtung des kranken Thieres nothwendig wird). Dann werden durch jene kurze Frist die Parteien in den Proceß hineingetrieben, während er doch vielleicht vermieden werden könnte. Es dürfte sich ein Zusatz zu Abs. 3 etwa folgenden Inhalts empfehlen: Ist jedoch nach § 402 oder 403 ein Beweisverfahren zur Sicherung des Beweises eingeleitet, so beginnt die Frist erst mit Beendigung dieses Verfahrens.

Zu § 412 ff.

Es mag hier zuvörderst bemerkt werden, daß die Motive zu diesen Paragraphen weit höher stehen, als die Motive zu den verwandten §§ 314 ff. Sie stellen die Lehre im Allgemeinen richtig dar und halten sich namentlich fern von der beklagenswerthen Ansicht, daß ein „Vertrag zu Gunsten Dritter" ein solcher sei, der die Begünstigung eines Dritten bezwecke. Die Motive sind richtig bis zu dem Punkte, wo ihnen die Aufgabe erwächst, die Schwächen des Entwurfs zu rechtfertigen.

Diese Schwächen bestehen darin, daß der Entwurf die ganze Lehre eigentlich unentschieden läßt. Der Dritte soll die Leistung fordern können, „wenn sich aus dem Vertrage ergibt, daß diese Berechtigung des Dritten gewollt ist". Das Forderungsrecht des Dritten soll mit dem Zeitpunkte entstehen, „wenn es nach dem Willen der Vertragschließenden entstehen soll". Nach diesem Zeitpunkt soll eine Aenderung des Vertrages nur noch zulässig sein, „wenn der Inhalt des Vertrags ergibt, daß die Vertragschließenden die Befugniß dazu sich haben vorbehalten wollen". Uebersetzt man diese Bestimmungen in klare dürre Worte, so sagen sie: „Wir, die Gesetzgeber, wissen auf alle diese Fragen keine Antwort zu geben. Richter, mache es, wie du willst!" Denn wenn man den Richter darauf verweist, für seine Entscheidung Kriterien aufzufinden, die absolut unerfindlich sind, so heißt das nichts anders, als die Sache der Willkür des Richters überlassen. Hätten doch die Motive eine Anzahl Fälle als Beispiele aufgestellt, aus denen man ersehen könnte, woran denn jene Unterscheidungen erkannt werden sollen. Das haben sie aber vermieden. Der Aufstellung des § 412 stelle ich die Behauptung entgegen: Es gibt im wirklichen Leben keine Fälle, wo — insofern man nicht schon aus der Zuweisung der

Leistung an den Dritten dies folgern will — „aus dem Inhalt des Vertrags sich ergibt, daß die Berechtigung des Dritten gewollt ist". Glaubt man denn, daß Vertragschließende, wenn sie eine Leistung an einen Dritten vereinbaren, sich die Doctorfrage überlegen, ob der Dritte ein Recht und eine Klage daraus erwerben solle? Das thun nicht einmal Juristen, wenn sie im wirklichen Leben handeln, geschweige denn andere Menschen. Würde an dergleichen gedacht, so müßte es doch, mitunter wenigstens, zum Ausdruck kommen. Hat nun Jemand schon einen Vertrag dieser Art gesehen, worin stände, daß der Dritte aus dem Vertrage „ein Recht", oder gar, daß er „kein Recht" daraus erwerben solle? Ich wäre geneigt, einen Preis darauf zu setzen, wenn mir Jemand einen derartigen, dem wirklichen Leben entnommenen Vertrag brächte.

Die Sache liegt so. Indem der eine Contrahent dem andern die Pflicht auferlegt, an einen Dritten zu leisten, entspricht es dem muthmaßlichen Willen desselben, daß der Dritte auch das rechtliche Mittel anwenden dürfe, um die Erfüllung dieser Pflicht zu verwirklichen. Darüber mag man philosophisch vielleicht streiten; vom Standpunkt praktischer Jurisprudenz ist es aber durchaus verständig. Das Klagrecht des Dritten ist das Klagrecht des Contrahenten selbst, welches der Dritte in eigenem Namen ausüben darf.

Gerade dieser Punkt ist es, in welchen sich hineinzudenken unseren Juristen so schwer fällt. Sie können sich gar kein Klagrecht vorstellen, welches nicht auf einem eigenen selbständigen Rechte des Klägers beruhte. Und daraus sind alle die Theorien hervorgegangen, nach welchen der Dritte (durch „Beitritt", „Acceptation", „Genehmigung") erst ein selbständiges Recht erwerben und daraus dann auch eine Klage erlangen soll. Alle diese Begriffe sind hier nicht am Platze. Der Dritte erwirbt überhaupt bis zu dem Augenblick, wo er die Leistung bezieht, kein selbständiges Recht auf dieselbe. Niemand hat ihm ein solches eingeräumt. Und deshalb bleibt bis zu diesem Augenblicke sein Anspruch auf die Leistung von dem fortdauernden Willen dessen, der ihm dieselbe zugewiesen hat (oder nach Umständen beider Contrahenten), abhängig[1]). Wenn man ihm gleichwohl eine Klage darauf gestattet, so ist dies die Klage aus dem Rechte des Zuweisenden, die der Dritte in seinem Interesse, und deshalb als eigene, geltend machen darf. Das ist der Gedanke des römischen Rechts in seiner späteren Entwickelung, und das ist der einzige theoretisch construirbare und praktisch befriedigende.

Auch der Entwurf hat von der Ansicht nicht lassen können, man müsse sich doch darüber aussprechen, wann das Forderungsrecht des Dritten „entstehe". Es wird aber auch diese Frage wieder auf den Willen der Vertragschließenden gestellt. Von diesem Willen soll es auch abhängen, ob nach der „Entstehung des Forderungsrechtes" eine Aenderung des Vertrags noch zulässig sei. Mit diesen Verweisungen auf den Willen ist wiederum gar nichts gesagt. Auch hier ist der Wille unerforschlich, weil ein solcher vernünftigerweise gar nicht vorhanden ist. Ein Forderungsrecht des Dritten in dem Sinne, daß er ein selbständiges Recht erwürbe, entsteht überhaupt nicht. Ein Forderungsrecht in dem Sinne, daß er die Leistung verlangen und nöthigenfalls auch einklagen kann, entsteht, sobald die Leistung fällig ist.

Bemerkenswerth ist, daß der Dresdener Entwurf das Forderungsrecht des Dritten in seiner Grundlage ganz richtig erfaßt. Er sagt (Art. 216): Auf die versprochene Leistung an einen Dritten hat zunächst der Contrahent ein Recht. „An seiner Stelle kann der Dritte verlangen, daß die Leistung an ihn erfolge, wenn nicht aus dem Vertrage oder den Umständen erhellt, daß er nicht befugt sein soll, das Recht aus dem Vertrage für sich geltend zu machen." Hier wird das Recht des Dritten, und zwar als ein aus der Person

[1]) Daß in den Fällen, wo Jemand eine nach seinem Tode zu bewirkende Leistung einem Dritten zugewiesen hat, die Erben desselben die Leistung nicht mehr widerrufen können, beruht darauf, daß eine solche Zuweisung die Natur eines Fideicommisses annimmt. In solchen Fällen erlangt also der Dritte mit dem Tode des Zuweisenden allerdings ein selbständiges Recht. Vgl. meine Ausführung im Arch. f. civ. Pr. Bd. 67 S. 171 f.

des Zuweisenden abgeleitetes, bestimmt anerkannt. Der Zusatz: „wenn nicht ꝛc.“ ist praktisch ungefährlich. Gleich darauf verfällt freilich dieser Entwurf wieder der falschen Acceptationstheorie. Das Recht der Contrahenten, den Vertrag zu ändern, soll aufhören, „wenn der Dritte dem Schuldner erklärt, die versprochene Leistung für sich in Anspruch zu nehmen“. Ich unterlasse jedoch, hierauf weiter einzugehen, da ja unser Entwurf diesen Fehler vermieden hat.

Tritt der Entwurf, so wie er ist, ins Leben, so würde diese Lehre völlig verwahrlost daraus hervorgehen. Freilich kann man hier dem Entwurf nicht mit schlagenden Beispielen begegnen. Bei jeder auf Grund der getroffenen Bestimmungen ergangenen verkehrten Entscheidung ließe sich sagen: „Der Richter hätte ja auch anders entscheiden können.“ Gerade darin liegt der Vorwurf für den Entwurf, daß er das Recht völlig unsicher macht, indem er dem Richter für jede beliebige Entscheidung die Phrase von dem Wollen oder Nichtwollen der Contrahenten zur Verfügung stellt. Der Gläubiger, wenn er gegen den Schuldübernehmer auf Zahlung der Schuld, die Geschwister, wenn sie gegen den Gutsübernehmer auf Zahlung ihrer Erbgelder Klage erheben wollen, sie alle haben stets zu gewärtigen, daß der Richter erklärt: „Ich kann nicht finden, daß aus dem Inhalt des Vertrags sich ergibt, daß diese Berechtigung gewollt ist.“ Und damit hätte er im Grunde genommen ganz Recht. Denn wenn der Gesetzgeber dies nicht schon in dem Vertrage an sich zu finden vermag: wie soll es dann der Richter darin finden? Man könnte ebensogut den Richter anweisen, die Zulassung eines Klagrechts von der Erforschung abhängig zu machen, ob auf dem Sirius lebendige Geschöpfe wohnen[1]).

[1]) Besonders lesenswerth ist auch, wie die Motive II S. 300 den Fall einer donatio sub modo besprechen. Der Dritte soll aus einer „Auflage zu seinen Gunsten“ einen Anspruch auf Erfüllung nur erwerben, wenn darin ein „Versprechen zu seinen Gunsten enthalten ist“. Bekanntlich ist im römischen Recht das Recht des Dritten, aus der Auflage zu klagen, ausdrücklich anerkannt. L. 3 C. de donat. quae sub modo 8, 55.

Zu § 420.

Meiner Ansicht nach enthält der Grundsatz des preußischen Landrechts, des österreichischen GB. und des Code civil, daß im Zweifel die vereinbarte Conventionalstrafe das Vertragsinteresse fixire, das gesündere Recht.

Zu § 429.

Diese Bestimmung entspricht meines Erachtens nicht dem natürlichen Rechtsgefühl. Und wenn sie, wie die Motive sagen, dem „Princip des § 427" entspricht, so ist dieses Princip eben falsch. Auch die Analogie der Wandelungsklage paßt nicht. Rücktrittsvorbehalte bei Verträgen, die durch Hingabe von Gegenständen zur vorläufigen Vollziehung gebracht werden, sind durchaus nicht zu begünstigen. Wer sich auf einen solchen Rücktrittsvorbehalt einläßt, hat sicherlich nicht die Absicht, den Rücktritt auch dann sich gefallen zu lassen, wenn ihm der Gegenstand gar nicht oder auch nur wesentlich verschlechtert zurückgeliefert werden kann. Der Trost, daß der Rücktritt ausgeschlossen sei, wenn der Empfänger den Untergang der Sache vorsätzlich oder fahrlässig herbeigeführt habe, ist für ihn nicht viel werth, weil ihm in der Regel alles Material für den Beweis dieser Voraussetzungen fehlen wird. Im Zweifel kann in Fällen dieser Art ein Rücktrittsvertrag nur dahin ausgelegt werden, daß der, welcher sich dem Rücktritt des Andern unterwirft, diesen nur re integra sich gefallen lassen will. Kauft Jemand ein Pferd, das er sich alsbald überliefern läßt, und behält er dabei sich den Rücktritt innerhalb 4 Wochen vor, so ist der Sinn dieses Vertrags doch gewiß nur der, daß er probiren will, ob das Pferd ihm auch zusagt. Geht nun aber durch einen Zufall das Pferd innerhalb der 4 Wochen zu Grunde, dann soll nach dem Entwurf der Käufer sagen können: „Nun trete ich zurück. Verkäufer, gib mir den Kaufpreis wieder! Ich gebe dir nichts wieder, denn das Pferd ist verendet." Kann man wohl sagen, daß dies der bona fides des Vertrags entspreche?

Zu § 431.

Ich verstehe nicht, wie Abs. 1 Anwendung finden soll, wenn der Rücktritt von einem Vertrage vorbehalten ist, der zunächst erfüllt werden soll.

Auch der Abs. 2 und der Schlußsatz des § 432 scheinen mir nicht verständlich.

Zu § 445.

Meiner Ansicht nach trägt die Ausschließung des Anspruchs auf Verzugszinsen wider den Schenker die Consequenz in sich, daß dieser auch mit Schadensersatzansprüchen nicht heimgesucht werden sollte. Das Gesetz mißbilligt eine Gesinnung, welche sich nicht entblödet, mit dergleichen Ansprüchen einen Wohlthäter zu verfolgen.

Zu § 454

nehme ich Bezug auf meine Aeußerung zu § 290. Der Schutz von Darlehnsscheinen, in welchen die hier besprochene Vereinbarung auftritt, erheischt dringend, daß der lediglich mittels Beweises der Nichtzahlung des Geldes zu erbringende Gegenbeweis (die exceptio non numeratae pecuniae) einer Beschränkung unterworfen wird, wie man dieselbe auch gestalten mag. Sonst werden an diesem Gegenbeweis unzählige Darlehnsscheine der hier fraglichen Art zu Grunde gehen.

Die Motive zu diesem Paragraphen enthalten am Schluß die Aeußerung: „Die Vorschrift setzt übrigens an sich die einwandsfreie Verbindlichkeit der bisherigen Schuld voraus und bestimmt keineswegs darüber, ob und inwiefern der Schuldner mit Einwendungen aus dem früheren Schuldverhältnisse sich zu schützen vermag. Darüber entscheiden andere Vorschriften." Diese Aeußerung ist unklar und in ihren Eingangsworten mißverständlich. Der Darlehnschein in der hier fraglichen Bedeutung ist die moderne Form des novirenden Anerkennungsvertrags. Wer einen Darlehnsschein über eine bestehende Schuld ausstellt, will die Sache so angesehen haben, als ob er die Schuld bezahlt und dann das Geld wieder als Darlehn empfangen habe. Die einwandsfreie Verbindlichkeit der bisherigen Schuld ist hiernach keine Bedingung des Klagrechts; wohl aber können Einwendungen gegen die frühere Schuld nach den Grundsätzen der condictio indebiti geltend gemacht werden.

Zu § 457.

Die Verbindlichmachung zu einem Austausch von Waare und Geld gehörte bei den Römern zu denjenigen Geschäften, in welchen sie ausnahmsweise durch die formlose Vereinbarung einen klagbaren Contract hergestellt erachteten, und die sie deshalb Consensualcontracte nannten. In der Bedeutung eines solchen Contracts behandelten sie daher die emtio venditio; und wo ein solcher Contract geschlossen war, verhielt sich die wirkliche Leistung von Waare und Geld als Erfüllung (solutio). Ich glaube aber nicht, daß es dem römischen Rechtssinn entging, daß daneben unzählige Geschäfte im bürgerlichen Leben durchlaufen, bei welchen Waare und Geld ohne jede vorgängige Verbindlichmachung ausgetauscht werden. Es tritt dies deutlich hervor bei einem dem Kauf nahe verwandten Rechtsgeschäft, dem Tausche (permutatio). Dieser ist bei den Römern niemals bis zu einem Consensualvertrag gediehen. Der Vertrag konnte durch Stipulation bindend gemacht werden. Abgesehen hiervon aber trat der Tausch nur durch reelle Vollziehung ins Leben; sei es, daß einer der Contrahenten vorleistete, wodurch er gegen den anderen die actio praescriptis verbis gewann; sei es, daß beide die Leistungen unmittelbar austauschten, wo eine Verbindlichmachung gar nicht entstand.

Wir nennen heute alle solche Geschäfte, bei welchen Waare und Geld, auch ohne vorgängige Verbindlichmachung, ausgetauscht werden, Kauf. Weil aber in unseren Quellen und folgeweise auch in unseren Lehrbüchern von dem Kauf immer nur als von einem Consensualcontracte gehandelt wird, so bilden wir uns ein, auch diese Geschäfte seien Consensualverträge. Die Meisten sehen die Sache so an, als ob in der Beredung, die naturgemäß jedem Austausch vorausgehen muß, jedesmal ein Kauf als Consensualcontract geschlossen würde, zu welchem sich dann die beiderseitigen Leistungen als Erfüllung verhielten. Dies entspricht nicht der Wahrheit. Wenn ich in einen Laden trete, nach dem Preise eines Laibes Brod frage und dann sage: „Geben Sie mir einen Laib!" und das Geld dafür hinzähle, so habe ich mit dem Bäcker nicht erst einen Consensualvertrag geschlossen, wonach er sich zur Leistung des Brodes, ich mich zur Leistung des Geldes verbindlich gemacht, sondern wir haben lediglich Brod und Geld ausgetauscht. Nicht einen einzigen Augenblick hat eine Obligation zwischen uns bestanden.

Wir haben also heute einen doppelten Begriff von Kauf; einen Kauf als obligatorischen Vertrag und einen Kauf als reellen Austausch von Geld und Waare. Daß diese verschiedenen Arten von Kauf manche Grundsätze, z. B. über Gewährleistung, mit einander gemein haben, hindert nicht, anzuerkennen, daß es verschiedene Rechtsgeschäfte sind. Jene Grundsätze wandten die Römer auch schon beim Tausch an, der doch offenbar für sie kein Consensualvertrag war.

Merkwürdigerweise hat in den Anschauungen der heutigen Juristen auch der Tausch eine Entwickelung genommen, bei der seine ursprüngliche Natur ganz vergessen ist. Heute betrachtet man ihn nur noch als einen dem Kauf analogen Consensualvertrag. Daran ist so viel richtig, daß man heute durch einfache Willenseinigung sich zu einem Tauschgeschäft verbindlich machen kann; und in diesem Sinne kann heute der Tausch, geradeso wie der Kauf, als Consensualvertrag abgeschlossen werden. Aber kann denn nicht auch heute noch, geradeso wie es bei den Römern geschah, der Tausch ohne vorgängige Verbindlichmachung durch reelle Leistung vollzogen werden? Die Anschauung dafür ist ganz verloren gegangen.

Noch bei einem andern Rechtsgeschäft war früher derselbe Mangel der Anschauung gang und gäbe, nämlich bei der Schenkung. Man zählte diese ganz allgemein zu den obligatorischen Verträgen. Das heißt, man sah die Sache so an, als ob bei jeder Schenkung der Schenker erst einen Vertrag schlösse, durch welchen er sich zur Schenkung verpflichte, und dann diese Verpflichtung durch Hingabe der Sache löse. Nun ist es aber doch ganz klar, daß, wenn ein Bettler mich um ein Almosen anspricht und ich ihm stillschweigend ein Stück Geld in die Hand drücke, ein obligatorischer Schenkungsvertrag gar nicht zwischen uns zu Stande gekommen ist. Es ist das Verdienst Savigny's (Syst. Bd. 4), klargestellt zu haben, daß eine Schenkung auch ohne obligatorischen Vertrag durch Vergabung erfolgen könne.

Bei der Schenkung erkennt nun auch der Entwurf diese Doppelart der Vollziehung an, indem er zwischen dem obligatorischen Vertrag, durch welchen man zu einer schenkweisen Leistung sich verpflichtet, und der durch Veräußerung vollzogenen Schenkung unterscheidet (§§ 440 und 441). Beim Kaufvertrag aber fehlt ihm diese Anschauung. Derselbe ist in seinen Augen immer nur eine „Verpflichtung“ zur Leistung von Waare und Geld.

Man wird vielleicht fragen: was für ein praktisches Interesse dabei sei, diese Doppelart des Kaufes anzuerkennen? Gewiß sind praktische Interessen, und zwar sehr erhebliche, dabei vorhanden.

Zunächst entsteht folgende Frage. Es klagt Jemand gegen einen Andern auf Zahlung des Kaufpreises für eine ihm überlieferte Sache. Der Verklagte erklärt: Ich habe allerdings die Sache gekauft, aber gegen sofortige Baarzahlung. Sieht man nun damit einen „obligatorischen Kaufvertrag“ als zugestanden an, dem nur die Einrede der Zahlung (solutio) entgegengesetzt werde, so ist der Verklagte zur Verurtheilung reif, wenn er nicht beweisen kann, gezahlt zu haben. In der That aber enthält jene Entgegnung ein Leugnen des Klaggrundes, das Leugnen eines obligatorischen Kaufvertrags. Der Verklagte behauptet eine andere Art Rechtsgeschäft, aus welchem er niemals einen Kaufpreis schuldig geworden. Und deshalb hat in erster Linie der Kläger zu beweisen, daß ein Kaufvertrag so, wie er ihn behauptet, d. h. unter Creditirung des Kaufpreises, geschlossen worden sei [1]).

[1]) So hat auch das OAGericht zu Kassel (1865) erkannt. Vgl. „Urtheile des Reichsgerichts“ S. 35. Auch ein Erkenntnis des ROHG. (Entsch. Bd. 16 Nr. 45) stimmt damit überein.

Nur wenn man diesen Grundsatz anerkennt, kann sich überhaupt die große Masse unseres täglichen Verkehrs mit Sicherheit bewegen. Alltäglich werden hunderttausende von Rechtsgeschäften geschlossen, in welchen Leistung gegen Leistung ausgetauscht wird. Niemand denkt daran, sich dabei für seine Leistung Beweismittel zu sichern. Wohin sollte es auch führen, wenn bei jedem Laib Brod, der im Bäckerladen gegen baares Geld gekauft wird, der Empfänger eine Quittung über das Brod und der Bäcker eine Quittung über den Preis ausstellen müßte? Diese Pflicht zur Quittungausstellung, die ja der Entwurf (§ 269) für Zahlungen, durch welche eine Verbindlichkeit gelöst wird, allgemein anerkennt, ließe sich auch im Kleinverkehr gar nicht ablehnen, wenn die beiderseitigen Leistungen in der That Zahlungen in diesem Sinne, hinsichtlich derer noch nach Jahr und Tag selbständiger Beweis von dem Leistenden begehrt werden könnte, wären.

Dem Entwurfe ist das Mißliche einer solchen allgemeinen Quittirungspflicht nicht entgangen. Die Motive (S. 88) sagen jedoch: „Eine Ausnahme von der grundsätzlichen Quittirungspflicht für die Fälle sofortiger Baarzahlung im Kleinhandel zu machen, erachtete man mit den übrigen Codificationen theils für überflüssig, theils für bedenklich". In dieser Weise über solche Fragen sich hinwegzusetzen, halte ich nicht für die richtige Methode des Gesetzgebers. In Wahrheit liegt der Grund dafür, daß in solchen Fällen keine Quittungen gefordert und gegeben werden, darin, daß hier eine Verbindlichkeit gar nicht entstanden ist. Dessen ist man sich auch im Volke bewußt. Der gesunde Sinn stößt solche unnatürliche Lehren, daß man bei jedem Kauf erst einen obligatorischen Kaufcontract schließe und dann diesen durch die beiderseitige Leistung löse, von sich ab [1]). Daß man bei gleichzeitigem Austausch der Leistungen keine Quittungen gibt, findet auch nicht bloß im Kleinverkehr statt, sondern auch bei großen Leistungen. Wenn Jemand in eine

[1]) Wo obligatorische Verbindlichkeiten eingegangen und gelöst werden, da werden auch im Kleinhandel Quittungen gegeben. Wenn Jemand sein Brod auf Rechnung nimmt, so quittirt der Bäcker die wöchentliche oder monatliche Zahlung.

Wechselstube tritt, 5000 Mark Gold auf den Tisch zählt und dafür Kassenscheine eintauscht, so gehen beide Geschäftsleute auseinander, ohne sich ihre Leistungen zu quittiren. Wäre das nicht ein unglaublicher Leichtsinn, wenn jeder der beiden innerhalb der Verjährungsfrist wider den anderen mit folgender Klage auftreten könnte: „Ich habe am ... mit dem Verklagten einen Tauschvertrag abgeschlossen, wonach wir übereinkamen, 5000 Mark Gold gegen einen gleichen Betrag Kassenscheine auszutauschen. Ich habe meinerseits geleistet. Ich bitte, dem Verklagten, insofern er nicht beweisen kann, auch seinerseits geleistet zu haben, zur Zahlung von 5000 Mark zu verurtheilen". Es mag sein, daß heute viele unserer Juristen eine solche Klage zulassen würden, aber im gewöhnlichen Leben hält man das nicht für möglich.

Dem Entwurf, indem er nur einen obligatorischen Kauf- und Tauschvertrag aufstellt, fehlt also eine für das praktische Leben unentbehrliche Anschauung.

Bemerkenswerth ist, daß dem Sächsischen Gesetzbuch der Doppelbegriff des Kaufes nicht fremd ist. Es sagt (§ 1082): „Kauf ist der Vertrag, durch welchen der Eine dem Andern eine Sache ... gegen einen in Geld bestehenden Preis überträgt oder zu übertragen verspricht". Aehnlich beim Tausch § 1138. Auch werden von der Quittirungspflicht „Baarzahlungen im Kleinhandel" ausgenommen (§ 983). Ob das Gesetzbuch noch weiter die Consequenzen seiner richtigen Anschauung zieht, vermag ich nicht zu überblicken.

Zu § 463 Abs. 2.

Knüpft man bei Grundstücken den Uebergang der Gefahr an den gerichtlichen Act, so würde es richtiger sein, die Auflassung als den entscheidenden Moment zu bezeichnen. Nicht die Eintragung, sondern die Auflassung entspricht der Tradition in ihrer Bedeutung als dinglicher Vertrag. Ueberdies haben die Parteien die Vollziehung der Auflassung in ihrer Hand, und sie wissen auch genau, wann sie dieselbe vollzogen haben. Wann der Richter eingetragen hat, weiß Niemand genau.

Zu § 488 f.

Der Entwurf will den Erbschaftskauf „nicht als eine Uebertragung des Erbrechts, sondern nur als eine Succession in die einzelnen, zu der Erbschaft gehörenden activen Vermögensbestandtheile“ gelten lassen. „Es entsteht zwischen Verkäufer und Käufer nur ein obligatorisches Verhältnis, welches darauf gerichtet ist, daß die Contrahenten verpflichtet sind, einander dasjenige zu gewähren, was sie haben würden, wenn nicht der Verkäufer, sondern der Käufer Erbe geworden wäre“. „Der Gedanke eines Verkaufs des Erbrechts und einer durch den Kaufvertrag begründeten Universalsuccession ist juristisch nicht zu begründen und läßt sich nicht durchführen; er muß deshalb schon (sic!) aus praktischen Gründen aufgegeben werden“. So lauten die Motive. Hätten sie uns doch diese praktischen Gründe näher auseinandergesetzt! Vorläufig vermag ich dieselben nicht zu erkennen. Ich bin vielmehr der Ansicht, daß nach heutigem Recht der Erbschaftskauf die Rechte des Erben an der noch ruhenden Erbschaft [1]) unmittelbar auf den Käufer überträgt; unbeschadet der zugleich begründeten obligatorischen Verpflichtungen des Verkäufers. Theoretisch steht dieser Auffassung nicht das Mindeste im Wege. Es ist ein durchaus unzutreffender Grund, wenn man sagt: der Kauf könne doch keine Universalsuccession begründen. Das geschieht auch nicht. Durch den Kauf tritt der Erbschaftskäufer in die kraft der Universalsuccession auf den Erben übergegangenen Rechte ein. Das ist keine Universalsuccession zwischen Verkäufer und Käufer.

Die praktische Seite der Sache besteht in folgenden Fragen:

Darf der Erbschaftskäufer ohne Weiteres von Gegenständen der noch ruhenden Erbschaft Besitz ergreifen?

Darf er (natürlich auf Grund vollständiger Nachweisung des Erbschaftskaufs) die Ueberschreibung der noch nicht auf den Namen des Erben überschriebenen Grundstücke auf seinen Namen beantragen?

[1]) Man kann vielleicht sagen, daß es im Sinne des Entwurfes keine ruhende Erbschaft mehr gebe. Ich verstehe aber darunter die Erbschaft, die thatsächlich noch so liegt, wie sie der Erblasser hinterlassen hat.

Darf er solche, welche in die Erbschaft eingegriffen haben, mit der Erbschaftsklage belangen?

Darf er Miterben mit der Theilungsklage belangen?

Darf er Ansprüche und Forderungen der Erbschaft ohne Weiteres geltend machen?

Ich bejahe alle diese Fragen und vertrete die Ansicht, daß der Erbschaftskauf diese Rechte auf den Käufer unmittelbar überträgt. Nach dem Grundsatz des Entwurfs aber müßte der Käufer überall die Vermittlung seines Verkäufers in Anspruch nehmen. Dieser müßte von allen Erbschaftssachen erst Besitz ergreifen und sie dann dem Käufer übertragen. Er müßte die Grundstücke erst auf sich überschreiben lassen und dann wieder auf den Käufer. Er müßte jeden einzelnen Anspruch der Erbschaft dem Käufer cediren. Nun frage ich: kann es wohl, wenn Jemand eine Erbschaft einem Andern verkauft, die vernünftige Absicht beider sein, sich einen solchen formalistischen Verkehr auf den Hals zu laden? Man denke den Fall, daß ein Ausgewanderter die ihm in seiner Heimath angefallene Erbschaft verkauft, um möglichst kurz von der Sache abzukommen. Nun soll er doch sich herbemühen, damit er dem Erbschaftskäufer jedes Stück der Erbschaft ausliefere?

Eine Consequenz des Grundsatzes des Entwurfs würde auch die sein, daß die Erbschaftsgläubiger, Legatare zc. nur den Erben verklagen könnten und dieser das Gezahlte sich dann vom Erbschaftskäufer wiederholen müßte. Diese Consequenz zieht freilich der Entwurf selbst nicht, indem er in § 497 die unmittelbare Klage gegen den Käufer, und zwar ohne Rücksicht auf den activen Vermögensbestand, gestattet. Daß daneben der Verkäufer als Erbe verhaftet bleibt, versteht sich von selbst, da Niemand durch Vertrag mit einem Dritten die auf ihm haftenden Verbindlichkeiten abschütteln kann.

Neben dem unmittelbaren Eintritt in die Rechte des Erben an der ruhenden Erbschaft begründet allerdings der Erbschaftskauf auch obligatorische Pflichten des Erben. Hat dieser bereits von Erbschaftssachen Besitz ergriffen, so kann bezüglich dieser nicht mehr ein Recht zur Besitzergreifung auf den Käufer übergehen; wohl aber ist der Erbe verpflichtet, sie dem Käufer zu übergeben. Hat der Erbe bereits Grundstücke auf seinen Namen überschreiben lassen, so ist er verpflichtet, in die Ueberschreibung auf den Käufer zu willigen. Hat er Erbschaftsforderungen bereits eingenommen, so ist er verpflichtet, das Eingenommene an den Käufer herauszugeben. In allen diesen Fällen ist nicht mehr res integra; und deshalb können die entsprechenden Rechte nicht unmittelbar auf den Käufer übergehen. Das hindert aber nicht, da, wo der Erbe noch keine Thätigkeit geübt hat, den Käufer als unmittelbar in seine Rechte eintretend anzuerkennen. Man sage doch nur einen einzigen praktischen Grund, weshalb das unthunlich sei.

An die Stelle der §§ 489 und 490 müßten daher etwa folgende Bestimmungen treten:

Auf den Käufer geht das Recht über, von den Gegenständen der ruhenden Erbschaft Besitz zu ergreifen. Der Verkäufer ist verpflichtet, diese Gegenstände, soweit er vermag, dem Käufer nachzuweisen.

Ansprüche gegen einen Testamentsvollstrecker ꝛc. (wie in § 490) gehen ohne Weiteres auf den Käufer über. Der Verkäufer ist verpflichtet, die zur Verfolgung dieser Ansprüche nöthigen Mittel, soweit er vermag, dem Käufer zu gewähren.

(Zusatz zu § 491.) Der Verkäufer hat dem Käufer von seiner auf die Besitznahme und Verwaltung der Erbschaft bezüglichen Thätigkeit Rechenschaft zu geben.

Zu § 504.

Hat der Vermiether auch die Herstellung der Schäden zu übernehmen, die aus Feindschaft gegen den Miether der Sache zugefügt werden, z. B. durch Fenstereinwerfen? (Vgl. l. 25 § 4 D. loc.)

Zu § 509.

Der Entwurf will im Gegensatz zum preußischen und französischen Recht den Satz des römischen Rechts „Kauf bricht Miethe“

allgemein einführen. Wenn die Motive sagen: der Entwurf beschreite einen Mittelweg, indem er die Vertreibung des Miethers doch wenigstens an eine Kündigungsfrist binde, so kann man diese Beseitigung der äußersten Grausamkeit gegen den Miether wohl schwerlich als Beschreitung eines „Mittelwegs“ bezeichnen.

Wenn die Römer annahmen, daß der Käufer als neuer Eigenthümer des Grundstücks den Miether vertreiben könne, so hing das genau damit zusammen, daß sie — aus Gründen, die uns nicht verständlich sind — dem Miether, obwohl er die Sache ausschließlich unter seiner Herrschaft hat, ein Besitzrecht nicht zuerkannten. Auch wenn der Miether im Grundstück saß, war der Eigenthümer nicht gehindert, über seinen Kopf hinweg das Grundstück dem Käufer zu übergeben. Dieser wurde damit Eigenthümer und war als solcher an den nur eine persönliche Verpflichtung begründenden Miethvertrag nicht gebunden. Diese ganze Consequenz hätte man aber in Deutschland aufgeben müssen, sobald man dem Miether ein Besitzrecht zuerkannte. Und das that man von dem Augenblicke an, wo man demselben die Spolienklage (auch gegen den Vermiether) gewährte, die ja auch der Entwurf (§ 814) dem „Inhaber“ einräumt. Hat der Miether ein Besitzrecht, so kann der Eigenthümer nicht über seinen Kopf hinweg den Besitz der Sache übergeben, also auch (gemeinrechtlich) kein Eigenthum übertragen; und damit hört das Recht des Käufers, den Miether auszutreiben, von selbst auf [1]). Wenn man trotzdem gemeinrechtlich den Satz: „Kauf bricht Miethe“ lehrte, so geschah dies, theils weil man (nach Savigny, der ja von der Spolienklage nichts wissen wollte) ein Besitzrecht des Miethers überhaupt nicht anerkannte, theils weil man nicht die Consequenzen daraus zu ziehen wußte.

Der Satz „Kauf bricht Miethe“ ist hiernach nichts anderes, als ein gemeinrechtliches Mißverständnis. Und mit diesem Satz hat man seit Jahrhunderten dem deutschen Rechtsgefühl ins Gesicht geschlagen. Denn ich nehme keinen Anstand, meine Ansicht dahin

---

[1]) Bei Mobilien erkennen dies auch die Motive S. 386 ausdrücklich an.

auszusprechen, daß, wenn heute der Eigenthümer sein Grundstück vermiethet und dem Miether übergibt, dann aber morgen es verkauft, und wenn nun der Käufer für berechtigt erklärt wird, den Miether wieder hinauszujagen, dies dem Gerechtigkeitsgefühl durchaus wiederspricht. Soll nun jetzt dieser Satz, obwohl er in dem größten Theile von Deutschland längst nicht mehr gilt, doch wieder als allgemeines deutsches Recht eingeführt werden, so kann ich das nicht anders verstehen, als daß die Verfasser des Entwurfs von romanistischer Anschauung so sehr befangen gewesen sind, daß ihnen die innere Ungerechtigkeit der Sache sich verdunkelt hat.

Nun ist es ja richtig, daß nach den Bestimmungen des Entwurfs Eigenthum an Grundstücken nicht mehr durch Uebergabe des Besitzes, sondern durch die vor Gericht erklärte Auflassung übertragen werden soll. Der Besitz des Miethers steht also diesem Uebergang des Eigenthums nicht mehr im Wege, und da — so sagt man — der Miether kein dingliches Recht hat[1]), so muß er dem neuen Eigenthümer weichen. Man beruft sich auch auf den Grundsatz, daß der Erwerber eines Grundstücks nur diejenigen Rechte daran anzuerkennen brauche, welche im Grundbuch eingetragen seien. Daß diese Consequenz aus dem Grundbuchsystem keine nothwendige ist, ergibt sich schon daraus, daß das preußische Recht, in welchem das nämliche Grundbuchsystem seit dem Jahre 1872 gilt, sie nicht gezogen hat. Ich halte sie in der That auch für eine zu abstracte, den Lebensverhältnissen nicht entsprechende. Es kann ja wohl vorkommen, daß Jemand ein einzelnes ländliches Grundstück kauft, ohne etwas davon zu wissen, daß es im Besitz eines Pächters ist. In der ungeheueren Mehrzahl der Fälle wird aber dem Erwerber eines Grundstücks es nicht verborgen bleiben, wenn ein Miether oder Pächter darin sitzt. Namentlich kauft Niemand ein Haus bloß auf dem Papier, sondern er besieht es von außen und innen. Dann kann ihm aber die Existenz eines Miethers darin nicht leicht entgehen; und es würde nur

[1]) Ich halte meinerseits den Besitz für die schwächste Form dinglichen Rechtes.

Heuchelei sein, wenn er behauptete, das Recht des Miethers nicht gekannt zu haben. Ein Bedürfnis, durch den Satz „Kauf bricht Miethe" den an das Grundbuch geknüpften guten Glauben zu schützen, ist hiernach in Wahrheit nicht vorhanden; wie man denn auch sicherlich nicht aus diesem Grunde, sondern nur, weil man von der römischen Doctrin befangen war, ihn einführen will. Jedenfalls müßte man doch gestatten, daß der Miether durch Eintragung seines Miethrechts sich dasselbe sicherte; obgleich ich zugebe, daß mit diesem Nothbehelf praktisch wenig gewonnen sein würde. Ueberaus kläglich aber ist die Verweisung der Motive darauf, daß sich ja der Miether zu seinem Schutze eine Hypothek an dem Grundstück bestellen lassen könne.

Ich bin hiernach der Ansicht, daß der Gerechtigkeit ein größerer Dienst geleistet wäre, wenn der Entwurf den Satz aufgestellt hätte, daß der neue Erwerber eines Grundstücks den im Besitz (der „Inhabung") befindlichen Miether zu respectiren habe. Will der Eigenthümer dem Miether gegenüber sich das Recht des freien Verkaufes wahren, so mag er es im Miethvertrage sich vorbehalten. Daß, wenn der Erwerber die Rechte der Miether anzuerkennen hat, auch im Uebrigen die Rechte und Pflichten des Vermiethers (nach den Grundsätzen der Cession und der Verträge zu Gunsten Dritter) auf ihn übergehen müssen, versteht sich von selbst. Kommt das Grundstück zur Zwangsversteigerung, so lassen sich allerdings erhebliche Gründe dafür anführen, daß in diesem Falle das Recht des Miethers erlischt.

Zu § 514.

Wenn der Miether (nicht nothwendige) Verwendungen auf die Sache macht, die der Vermiether selbst zu machen verpflichtet war, dann ist er allerdings Geschäftsführer des Vermiethers und er hat einen Ersatzanspruch, wie dies der Abs. 2 des Paragraphen richtig ausspricht. Wenn er aber sonst Verwendungen macht, so thut er es in seinem Interesse und nicht in dem des Vermiethers, und es kann nur zu den übelsten Streitigkeiten führen, wenn man ihm gleichwohl einen Ersatzanspruch „nach den Grundsätzen der

Geschäftsführung" eröffnet. Welche Chikanen können vollends daraus entstehen, wenn man mit dem Entwurf (§ 520) dem Miether wegen solcher Verwendungen auch ein Rückbehaltungsrecht einräumt! In großen Städten, wo Hunderte in unmittelbarer Folge ausziehen müssen, würde sich dieses Rückbehaltungsrecht an Wohnungen unerträglich erweisen.

Das Recht der Wegnahme hat der Miether nur, so lange er im Besitz der Sache ist. Hat er die Wohnung geräumt, so hat er nur einen Anspruch darauf, daß der Vermiether ihm die Wegnahme gestatte oder ihm dafür Ersatz leiste.

Zu § 517.

Ich nehme an, daß der Entwurf nicht beabsichtigt, durch die Vorschrift, daß am ersten Tage des Kalendervierteljahrs das Miethgeld zu zahlen sei, diesen Tag zu einem dies interpellans im Sinne des § 245 Abs. 2 zu machen. Es wäre aber zu wünschen, daß das klar ausgesprochen würde. Wäre es wirklich beabsichtigt, den Miether, welcher nicht am 1. Januar ꝛc. bezahlt, sofort Verzugszinsen aufzulegen, so würde ich das für unrichtig halten und beklagen. Der Miethzins ist nach A b l a u f der Miethzeit zu zahlen. Damit wird aber der erste Tag, welcher folgt, noch nicht zu einem dies interpellans. Ein Verlangen von Verzugszinsen, sobald der Miether nicht am ersten Tag zahlt, würde als Miethwucher empfunden werden, ähnlich dem Verlangen von Zinseszinsen.

§ 518.

Der Schlußsatz ist mißverständlich. Er paßt, wenn dem Miether, der gebrauchen wollte, der Gebrauch durch die Ueberlassung an einen Andern entzogen würde. Er paßt nicht, wenn der Miether den Gebrauch abgelehnt und darauf der Vermiether die Sache einem Andern überlassen hat.

Zu § 520.

Bei Grundstücken ist es ein praktisches Bedürfniß, dem auf Rückgabe belangten Miether oder Pächter mit der Einrede, Eigenthümer der Sache zu sein, auszuschließen. (Die theoretische Rechtfertigung liegt in dem possessorischen Rechte des Vermiethers.) Sehr seltsam klingt hier wieder die Bemerkung der Motive (S. 402): „Betrachtet man in einem solchen Falle den Miethvertrag als nichtig, so stellt die Behauptung des Miethers, daß er in Unkenntniß seines Eigenthums gemiethet habe, gegenüber der Vertragsklage auf Rückgabe der Sache sich als ein Leugnen des Klaggrundes dar.“ Hat das wohl ein Praktiker geschrieben?

Ueber das Rückbehaltungsrecht des Miethers habe ich schon oben (§ 514) mich geäußert.

Zu § 522.

Es würde praktischer sein (und auch, wie ich glaube, der Gewohnheit vieler Orte entsprechen) wenn man die Kündigung noch am ersten Tage des Vierteljahrs zuließe.

Ueberall ist es, sei es gesetzlich, sei es gewohnheitsrechtlich, in Uebung, daß nach der Kündigung der Miether die Besichtigung der Wohnung durch andere Miether sich gefallen lassen muß. Wird dieses Recht fortbestehen?

Zu § 528 Nr. 2.

Wenn hier an den zweimaligen Verzug des Miethers das Recht des Vermiethers zum Rücktritt geknüpft wird, so werden wir wiederum auf die Frage geführt: wann ist denn der Miether im Verzuge? Ist er es schon mit dem bloßen Ablauf des Zinstermins? Hier sagen nun die Motive (S. 417) ausdrücklich, daß eine Mahnung nicht nöthig sei. Darnach stellt sich also die Sache so. Am 1. October bleibt der Miether auf seinen Miethzins 3 Mark schuldig. Er bleibt auch am 1. Januar mit der Zahlung aus; will vielleicht andern Tags bezahlen. Dann darf aber der Vermiether sofort am Morgen des 2. Januar den Rücktritt erklären und ihn aus dem Hause jagen. Denn mit einem Theile des Miethzinses befindet sich der Miether für zwei Termine im Verzuge. Ich glaube, daß ein solches Recht als eine ungemeine Härte empfunden werden würde.

Zu § 569.

Nach Abs. 2 soll der Besteller wegen eines nicht zu beseitigenden Mangels des Werkes die Wahl haben, von dem Vertrage zurückzutreten oder die Minderung der Gegenleistung zu verlangen. Mir scheint nicht verständlich, was das Zurücktreten vom Vertrage bedeuten soll. Soll es heißen, der Besteller könne die noch nicht vollendete Arbeit dem Uebernehmer abnehmen, vielleicht auf einen Anderen übertragen, so wäre dagegen wohl nichts zu erinnern. Soll es aber heißen, der Besteller dürfe den abgeschlossenen Vertrag rückwärts als nicht vorhanden betrachten, so hätte das doch große Bedenken. Unterstellen wir, das übertragene Werk wäre ein Hausbau; das fertig gestellte Haus hätte erhebliche Mängel, deren Beseitigung unmöglich wäre. Kann nun der Besteller zwar in das Haus einziehen, aber gleichzeitig dem Uebernehmer erklären: „Ich trete von dem Vertrage zurück, und bezahle für das Haus keinen Pfennig" —? Ich meine, das ginge doch nicht wohl an; vielmehr müßte das Recht des Bestellers, welcher Eigenthümer eines, wenn auch mangelhaften Hauses geworden ist, sich auf einen Minderungsanspruch beschränken. Oder wie soll in einem solchen Falle das Rücktrittsrecht sich vollziehen?

§ 572

spricht die Verpflichtung des Bestellers aus, das vertragsmäßig hergestellte Werk „abzunehmen". Nach den Motiven S. 490 soll diese Verpflichtung zur Abnahme nichts anderes sein, als die in § 459 auch dem Käufer auferlegte. Diese kann doch aber nur dahin verstanden werden, daß der Käufer die Uebertragung des Besitzes der Sache sich gefallen lassen muß. Nun ist es ja richtig, daß, wenn der Uebernehmer die Sache, an welcher er sein Werk vollbracht, in Besitz hat, der Besteller gleicher Pflicht der Abnahme unterliegt wie der Käufer, und daß aus einer bloßen „Abnahme" dieser Art eine Billigung des Werkes nicht zu folgern steht. Schickt mir der Schneider einen (aus meinem Tuche) für mich angefertigten Rock zu, und ich sage zu dem Schneiderjungen: „Gut, legen Sie den Rock dahin!", so habe ich damit den Rock „abgenommen", aber gewiß keine Billigung ausgesprochen. Eine solche Abnahme ist aber nicht bei allen Werken möglich. Besteht das bestellte Werk z. B. in einem Tunnelbau: wie soll denn da der Bauherr das Werk in diesem Sinne „abnehmen"? Er besitzt ja mit dem ganzen Grund und Boden auch schon den Tunnel.

Es ergibt sich hieraus, daß, wenn man die „Abnahme" nur in diesem Sinne versteht, der Abs. 4 des § 571 unpraktikabel ist. Ebenso fehlt es der Bestimmung in § 576 unter Umständen an jedem Halt.

Offenbar spielt aber bei den Gedanken des Entwurfs (wie auch der zweite Satz des § 572 beweist) ein anderer, freilich völlig unklar gehaltener Begriff der „Abnahme" mit herein; nämlich die Abnahme nach vorgängiger Prüfung; d. h. die Erklärung der Billigung. Eine *solche* „Abnahme" ist bei *allen* Werken möglich. Und die Frage ist nur die: kann der Uebernehmer eine solche Abnahme verlangen? und welche Folgen knüpfen sich an dieselbe?

Der Entwurf verneint die erste Frage und beantwortet die zweite dahin, daß auch im Falle einer Billigung der Besteller nur mit der Geltendmachung ihm bekannter Mängel ausgeschlossen werde; nicht auch ihm unbekannter, selbst wenn die Unbekanntschaft auf grobem Versehen beruhe.

Gesetzt also, in dem obigen Falle schickte der Schneider am folgenden Tage zu mir und ließe fragen: ob ich mit dem Rocke zufrieden sei? Nach dem Entwurfe darf ich antworten: darnach habe er nicht zu fragen; ich erklärte mich nicht. Wenn er mir dann auf Neujahr für den (am 1. August gelieferten) Rock die Rechnung schickte, dann dürfte ich noch immer sagen: der Rock habe die und die Fehler gehabt und deshalb bezahle ich die Rechnung nicht. Entspricht nun ein solches Verhalten wohl der bona fides unseres Verkehrs!

Auch bei einem Baue könnte der Bauherr die Frage, ob der Bau vertragsmäßig ausgeführt sei, völlig dahingestellt lassen, bis zu dem Augenblick, wo die letzte Zahlung von ihm in Anspruch genommen würde oder die Verjährungsfrist des § 571 ihm auf den Fingern brennte.

Ich halte diese Grundsätze nicht für gerecht. Ein Contrahent, der zur Erfüllung eines Vertrags leistet, kann von dem andern Contrahenten auch die Anerkennung begehren, daß diese Leistung in der That Erfüllung sei. Es ist ein arglistiges Verhalten, wenn Jemand etwas annimmt, dabei aber erklärt: „Ob es dasjenige ist, was ich zu fordern habe, sage ich nicht." Jener Anspruch des Leistenden tritt aber bei einem Werkvertrag deshalb besonders hervor, weil das geschaffene Werk etwas Neues ist, was dem Andern bei Abschließung des Vertrags noch nicht vorgelegen hat. Der Uebernehmer hat deshalb einen Anspruch darauf, daß der Besteller innerhalb einer angemessenen Frist sich über die vertragsmäßige Beschaffenheit des Werkes erkläre, also, wenn er keine Ausstellungen zu machen hat, es billige.

Durch diese Billigung wird aber die nachträgliche Geltendmachung von Mängeln ausgeschlossen, nicht allein von solchen, die der Billigende kannte, sondern auch von solchen, die er hätte kennen müssen. Den Besteller nur mit der Geltendmachung ihm positiv bekannter Mängel auszuschließen, heißt nichts anderes, als eine Prämie auf die leichtfertige Prüfung setzen und damit alle Sicherheit des Geschäftsverkehrs zerstören.

Es sei hier noch bemerkt, daß, wenn man auch die Eingangsworte des § 572 im Sinne einer Abnahme mit Prüfung verstehen wollte, doch eine solche Abnahme, wenn die Prüfung nicht ernstlich vorgenommen zu werden braucht, keinen Werth hat.

Zu § 576.

Ich halte es nicht für gerecht, daß bei einem auf fremdem Grund und Boden aufgeführten Werk der Uebernehmer (abgesehen von den Ausnahmsfällen des § 577) bis zur Abnahme die Gefahr des zufälligen Untergangs unbedingt tragen soll. Wenn der Zufall nicht aus der Beschaffenheit des Werkes oder der Thätigkeit der daran Arbeitenden, sondern aus einem von außen hinzutretenden

Ereignis hervorgegangen ist, so liegt kein Grund vor, dem Eigenthümer die Tragung der Gefahr abzunehmen. Soll der Bauunternehmer den Schaden tragen, wenn das beinahe fertig gestellte Haus durch einen Blitzstrahl zerstört wird? Das preußische Landrecht (I. 11. § 967) hat auch hier wieder das Richtige getroffen.

§ 583

läßt den wichtigsten Fall, wo der Anspruch auf die Auslobung zweifelhaft wird, außer Acht; den Fall nämlich, wo die Auslobung für eine Handlung mit bestimmtem Erfolge (z. B. für die Habhaftwerdung eines Verbrechers) ausgesetzt ist, zu diesem Erfolge aber Mehrere durch ihre Handlungen beigetragen haben (z. B der Eine hat den Verbrecher entdeckt, ein Anderer hat Hülfe herbeigeholt, ein Dritter hat ihn gefaßt). In solchen Fällen kann die ausgelobte Summe nur nach billigem Ermessen unter die verschiedenen Handelnden vertheilt werden. Wollen sich dieselben nicht der Entscheidung des Auslobenden unterwerfen, so ist dieser ohne Zweifel berechtigt, die Summe „wegen Ungewißheit des Gläubigers" zu hinterlegen und die verschiedenen Ansprecher den Streit über ihre Berechtigung an der Auslobung unter sich austragen zu lassen.

§ 591

bespricht die Verpflichtung des Beauftragten, Rechenschaft abzulegen. Zur Erläuterung dieses Begriffes wird nichts weiter gesagt, als daß bei einer Vermögensverwaltung eine die geordnete Zusammenstellung von Einnahmen und Ausgaben enthaltende und mit Belegen versehene Rechnung zu legen sei. Die Motive besprechen dann diese Lehre überhaupt und erläutern die negative Haltung, welche der Entwurf dazu einnimmt. Sie sagen: der Auftraggeber sei auf die Legung einer Rechnung zu klagen befugt und könne nach der Verurtheilung die Zwangsvollstreckung ad faciendum versuchen, bezw. das Interesse liquidiren. „Die praktischen Schwierigkeiten, daß die Liquidation des Interesses oft nur geringen Erfolg verspricht und mitunter schwer zu entscheiden ist, ob eine Rechnung, d. h. eine vollständige und abnahmefähige, vorliegt, treten gegen die Wichtigkeit und Bedeutung der Vorschrift zurück." „Was die Belege betrifft, so ist es eine thatsächliche, der verständigen Beurtheilung des Richters unterliegende Frage, inwieweit die Beschaffung derselben erforderlich ist." „Noch weitere Bestimmungen über die Rechnungspflicht aufzunehmen, wäre bedenklich; sie sind wegen ihrer casuistischen Beschaffenheit wenig angemessen und regen eine Menge Zweifel an; das Fehlen derselben hat sich in anderen Rechtsgebieten nicht als Mangel fühlbar gemacht."

Wer es weiß, in welcher Unklarheit die Praxis bei fast allen auf die Rechnungsablage bezüglichen Fragen sich befindet, und wer die daraus hervorgehende Noth der Rechtsprechung kennt, den wird die vorstehende Begründung, durch welche sich der Entwurf mit der Lehre abfinden zu dürfen glaubt, wenig befriedigen. Richtig ist nur, daß das römische Recht und deshalb auch unsere Lehrbücher und deshalb auch die meisten bisherigen Codificationen (die ja meist nur ein Echo der Lehrbücher sind) nichts über die Lehre enthalten. Man hätte eben die Lehre aus dem praktischen Leben heraus gestalten müssen [1]). In den wenigen sachlichen Bemerkungen, welche die Motive geben, wird die Praxis keinen Trost finden.

Am Schlusse berühren die Motive auch die Frage des Offenbarungseides. Damit verhält es sich so. Die Verpflichtung zur Rechnungsablage ist die in gewissen Rechtsverhältnissen begründete Verpflichtung zur Auskunftsertheilung über Thatsachen, welche Rechte des Klägers begründen sollen. Soll nun diese Verpflichtung eine Realität haben, so muß doch auch ein gewisser Zwang für ihre Erfüllung gegeben sein. Wenn Jemand verpflichtet ist, mir über seine für mich gemachten Einnahmen Rechnung zu stellen, und er kann damit abkommen, daß er in die Rechnung setzt:

---

[1]) Ich habe vor Jahren einen solchen Versuch gemacht in Ihering's Jahrbüchern Bd. 13 S. 251. Mag man über den Werth dieses Aufsatzes denken, wie man will, so waren darin doch die Fragen gestellt und zu lösen versucht. Damit aber, daß man über dieselben schweigt, werden sie ja nicht aus der Welt geschafft. Gerade in solchen Lehren, die bisher von der Wissenschaft vernachlässigt sind, müßte sich ein Gesetzbuch die Aufgabe stellen, aufklärend zu wirken.

„Einnahme 0“, dann ist es klar wie der Tag, daß die Verpflichtung eine leere ist. Soll sie zur Wirklichkeit werden, so muß dem Kläger ein Mittel gegeben sein, dem Rechnungspflichtigen den Mund aufzuschließen. Und dieses Mittel kann nur der Offenbarungseid sein. Deshalb hatte schon eine ältere deutsche Praxis, die auch in einzelnen gemeinrechtlichen Gebieten bis auf die neueste Zeit bestanden hat, zu diesem Mittel gegriffen. Ohne den Offenbarungseid ist die Pflicht zur Rechnungsablage ein leerer Schein; sie fällt in sich zusammen wie ein Gewölbe ohne Schlußstein.

Der Entwurf jedoch „erkennt eine solche Verpflichtung nicht an. Es liegt kein Bedürfnis vor, die Eidespflicht des Rechnungspflichtigen noch weiter auszudehnen als der § 777 ergibt“. (Der § 777 läßt den Offenbarungseid zu, wenn ein Inbegriff von Vermögensgegenständen herauszugeben oder über dessen Bestand Auskunft zu geben ist; ein Fall, dem die Verpflichtung zur Rechnungsablage völlig analog ist.) Freilich wissen die Motive kein Mittel anzugeben, wie denn nun die Verpflichtung zur Rechnungsablage realisirt werden soll. Aber sie trösten sich damit, daß es darauf auch nicht ankomme. „Für die Ausdehnung der Eidespflicht läßt sich auch nicht anführen, daß der Berechtigte dem Rechnungspflichtigen gegenüber in einer schlimmen Lage sich befinde. Diese Erwägung müßte zum Eideszwange für alle Fälle führen, in denen die Verfolgung eines Rechtes von der Kenntnis von Thatsachen abhängt, von welchen nur der Gegner unterrichtet sein kann.“ Welch ein Doctrinarismus! Warum läßt man denn in allen diesen Fällen nicht auch einen Anspruch auf Rechnungsablage zu?

Mit der negativen Haltung des Entwurfs ist eine wichtige und für das praktische Leben unentbehrliche Lehre auf unberechenbare Zeit der Versumpfung überlassen. Der Grund dafür liegt sicherlich nicht in der Objectivität der Sache.

Zu § 613 (Motive S. 568).

Ich würde doch für nöthig halten, auszusprechen, daß im Zweifel die (auch noch nicht acceptirte) Anweisung durch schriftlichen Vermerk übertragen werden könne. Fehlt dieser Ausspruch, so wird der Angewiesene stets in Verlegenheit gerathen, ob er eine Uebertragung respectiren soll. Daß Anweisungen im bürgerlichen Verkehr tausendfach übertragen werden, ist bekannt.

Zu § 619.

Ich halte die Vorschrift des römischen Rechts, daß der Hinterlegungsempfänger die Herausgabe der hinterlegten Sache nicht auf Grund der Einrede des Eigenthums zurückbehalten könne, für gesund und dem Rechtsgefühl entsprechend, und beklage, daß der Entwurf sie aufgeben will. Auch bei der Gebrauchsleihe (§ 554) würde ich denselben Grundsatz für gerechtfertigt halten. Das Vertrauen und die Gefälligkeit eines Andern soll Niemand ausnutzen, um sich thatsächlich in eine bessere Lage zu bringen. (Selbstverständlich bezieht sich der Ausschluß der Einrede nicht auf den Fall, wo der Inhaber erst nach der Hinterlegung das Eigenthum vom Hinterlegenden erworben hat.)

Zu § 668.

Mit keinem Rechtsgeschäft wird im bürgerlichen Verkehr leichtsinniger umgegangen, als mit Bürgschaften. Jahraus jahrein machen sich unzählige Menschen damit unglücklich. Ich würde deshalb — zumal nachdem man auch die Frauenbürgschaft völlig frei gegeben hat — es mit Freude begrüßt haben, wenn der Entwurf denjenigen Gesetzgebungen gefolgt wäre, welche die Bürgschaft an schriftliche Form knüpfen. Wenn auch nicht viel, so wäre doch etwas Schutz damit gewonnen.

Zu § 683.

In diesem Paragraphen sind folgende zwei Gedanken ineinander geschoben:

gewisse Rechtsgeschäfte, die man früher vielfach nicht als rechtsbegründend ansah — Schuldanerkennungsverträge — sollen als rechtswirksam anerkannt werden, auch dann, wenn dabei der Verpflichtungsgrund nicht angegeben oder nur im Allgemeinen bezeichnet ist;

es soll jedoch diese Rechtswirksamkeit bedingt sein durch schriftliche Form.

Was zunächst den letzteren Punkt betrifft, so kann ich mich damit einverstanden erklären, daß der Schuldanerkennungsvertrag an die Schrift geknüpft wird, weil nur in dieser Form sich klar erkennbar macht, daß man ein selbständiges, von seiner causa unabhängiges Zahlungsversprechen hat ertheilen wollen. Auch schon jetzt pflegt ein solches Zahlungsversprechen kaum in anderer Form vorzukommen. Sollte aber unter der „schriftlichen Form" (wie man aus Motiven I S. 189 schließen könnte) nur die Ausstellung einer förmlichen Urkunde gemeint sein, so würde das in meinen Augen zu weit gehen. Es liegt kein Grund vor, dem in einem Brief zum Ausdruck gekommenen Anerkenntnis Wirksamkeit zu versagen. Ueberdies ist die Grenze zwischen Brief und Urkunde mitunter schwer zu erkennen. Gesetzt, ich schriebe Jemandem eine Postkarte folgenden Inhalts:

Ich habe Ihren Rechnungsabschluß richtig gefunden und bekenne mich darnach mit . . . zu Ihrem Schuldner.

Sollte ich aus diesem Schuldbekenntnis nicht haftbar gemacht werden können?

Weit wichtiger aber ist Folgendes. Das Ineinanderschieben der Gedanken hat zu einer Verstümmelung beider geführt. Dem Wortlaute nach stellt der Paragraph seine Vorschrift nur für solche Schuldanerkennungsverträge auf, „in welchen der Verpflichtungsgrund gar nicht oder nur allgemein ausgedrückt ist". Liest man dazu die Motive, so wird die Sache erst recht unklar. Wir müssen die Unterscheidungen, die dort S. 688 Abs. 2 gemacht werden, im Einzelnen durchgehen. Es wird gesagt:

„Das Schuldversprechen gehört zu den abstracten Verträgen. Ein Schuldanerkennungsvertrag in diesem Sinne liegt nicht vor, wenn der Vertrag den vollen Thatbestand, aus welchem die Schuldverpflichtung entspringt, enthält, wenn z. B. beide Theile über einen unter ihnen abgeschlossenen Vertrag eine den ganzen Inhalt des Vertrags reproducirende Urkunde errichten, sollte darin auch der Vertrag als bereits abgeschlossen bezeichnet sein". Ganz richtig! Wenn die Betheiligten folgende Urkunde errichten:

Wir, die Unterzeichneten, haben am gestrigen Tage folgenden Kaufvertrag abgeschlossen. Es hat verkauft A. an N. u. s. w.

(Beide Unterschriften.) .

so ist das kein Schuldanerkennungsvertrag. Es ist vielmehr eine zweite Form, in welcher der ursprüngliche (materielle) Vertrag ins Leben tritt [1]).

Die Motive fahren dann fort: „Die Abstractheit des Schuldversprechens kann allerdings eine doppelte sein, eine absolute und relative, insofern nämlich der Verpflichtungsgrund völlig übergangen oder nur im Allgemeinen bezeichnet ist. In letzterem Falle zeigt sich nur die selbstverständliche Besonderheit, daß die Verpflichtung des Schuldners in gewissen Beziehungen nach den Rechtsnormen zu beurtheilen ist, welche für Schuldverpflichtungen der aus der allgemeinen Bezeichnung des Verpflichtungsgrundes sich ergebenden Art gelten, z. B. in Ansehung der Verjährung, der Gültigkeit, wenn ein durch Gesetz reprobirter Verpflichtungsgrund in Frage steht. Auch ein relativ abstractes Schuldversprechen ist und bleibt dagegen ein einseitiger Vertrag, welcher rücksichtlich der anerkannten Schuld einen selbständigen Verpflichtungsgrund bildet". Hier begegnen wir nun schon der Sonderbarkeit, daß nach Ansicht des Verf. nur der mit Angabe des Verpflichtungsgrundes versehene Schuldschein der Anfechtung z. B. wegen reprobirter Verbindlichkeit unterliegen soll [2]), der jeder Angabe ermangelnde dagegen nicht. Ist denn das richtig? Keineswegs!

---

[1]) Ich habe dies bereits ausgeführt in Ihering's Jahrbüchern Bd. 2 S. 416 f. Neuerdings hat auch Degenkolb in dem Aufsatz: die Vertragsvollziehung als Vertragsreproduction (Arch. f. civ. Pr. Bd. 71 S. 161) diesen Gedanken ausführlich begründet.

[2]) Wegen Verjährung der ursprünglichen Verbindlichkeit kann ein Schuldschein nicht angefochten werden.

Auch einen völlig indiscret ausgestellten Schuldschein, den ich über eine Spielschuld ausgestellt habe, kann ich anfechten; ich muß nur beweisen, daß er über eine Spielschuld ausgestellt ist.

Nun folgt aber der sonderbarste Satz: „Den sich als Schuldanerkennungsvertrag bezeichnenden Vertrag des angeführten (sic!) materiellen Inhaltes (discreter Vertrag) übergeht der Entwurf. Es ist Aufgabe der Wissenschaft, die Bedeutung eines derartigen Vertrages festzustellen, insbesondere ob unter Umständen in der Ausstellung einer Urkunde mit Angabe des speciellen Verpflichtungsgrundes nur die Schaffung eines Beweismittels oder ein Beweisvertrag, eventuell ein neues verpflichtendes Versprechen oder Anerkenntnis gefunden werden kann oder muß, und welche Wirkung letzteren Falles dem Vertrage beizumessen ist. Im Sinne des Entwurfs liegt ein Schuldversprechen oder ein Schuldanerkennungsvertrag in der Bedeutung und mit der Wirkung eines neuen selbständigen Verpflichtungsgrundes nur vor, wenn ein absolut oder relativ abstracter (indiscreter) Vertrag abgeschlossen ist“.

Was ist nun ein „discreter Vertrag“? Ist es nur ein Vertrag des „angeführten Inhalts“, durch welchen der materielle Vertrag in einer zweiten Form reproducirt wird? Oder fließt dem Verf. der Begriff dieses Vertrages mit etwas Anderem, himmelweit davon Verschiedenen, zusammen? Nach dem Wortlaut des weiter Hinzugefügten muß man allerdings annehmen, daß auch ein einseitiges Schuldversprechen, sobald darin der Schuldgrund genau specialisirt sei, von der Vorschrift des § 633 habe ausgenommen werden sollen. Ist dem so, so würden also folgende Schuldscheine in ihrer rechtlichen Bedeutung einander gegenüberstehen:

a) Unterzeichneter bekennt, dem Herrn A. aus Viehhändeln 671 Mark zu schulden, welche er mit Zinsen zu 5 Procent vom heutigen Tage an bis zum 1. Januar k. J. abzutragen verspricht.

b) Unterzeichneter bekennt, dem Herrn A. aus folgenden Viehhändeln:

1. einem am 3. Oct. 1884 abgeschlossenen Kauf von 30 Schlachthämmeln 460 Mark,
2. einem am 5. Febr. 1885 abgeschlossenen Kauf über 15 Kälber 211 Mark,

im Ganzen also 671 Mark zu schulden, welche er mit Zinsen zu 5 Procent vom heutigen Tage an bis züm 1. Januar k. J. abzutragen verspricht.

Wäre der Schuldschein a ausgestellt, so läge ein verpflichtender Schuldanerkennungsvertrag im Sinne des § 683 vor. Wäre dagegen der Schuldschein b ausgestellt, so wäre das ein unnennbares Etwas, dessen rechtliche Bedeutung zu erkennen der Weisheit des jedesmaligen Richters überlassen bliebe [1]).

Von dieser Unterscheidung hätte schon die Erkenntnis abhalten sollen, daß es ja unmöglich ist, zwischen „allgemeiner" und „besonderer Bezeichnung" eine feste Grenze zu finden. Soll ich denn hier ausmalen — es würde ja für meine Leser zu langweilig sein — wie zwischen der äußersten Specialisirung (Schuldschein b) und der allgemeinsten Bezeichnung (Schuldschein a) noch unzählige Zwischenstufen liegen, bei deren jeder sich die Frage stellen würde: ist dies nun eine allgemeine oder specialisirte Bezeichnung? Fällt der Schuldschein unter den § 683 oder (nach den Motiven) ins Vogelfreie?

Aber kann auch wohl ein Unbefangener darüber zweifeln, daß es gar keinen verständigen Sinn hätte, dem Schuldschein a eine andere, und zwar eine stärkere rechtliche Bedeutung beizulegen, als den Schuldschein b? Dann wäre ja auf die Nichtspecialisirung des Schuldgrundes, die man doch gewiß nicht mit besonderer Gunst zu betrachten hat, eine Prämie gesetzt. Jeder, der einen Schuldschein sich ausstellen ließe, müßte sich hüten, daß ihm nur nicht ein specialisirter Schuldschein ausgestellt werde. Wenn nicht specialisirt, dann hätte er in dem Schuldschein ein sicherndes Rechtsgeschäft. Wenn specialisirt, dann hätte er zu gewärtigen, daß der Richter ihm dieses sichernde Rechtsgeschäft unter den Fingern wegbliese.

Auch für den berechtigten Gedanken, den Schuldanerkennungsvertrag an schriftliche Form zu binden, erweist sich die Beschrän-

---

[1]) Es hat etwas Rührendes, daß in den Motiven auch wieder der „Beweisvertrag" aufgetaucht ist, dieses unglückliche Gebilde, das ein sonst verdienstvoller Rechtslehrer „zur Lebensrettung des Constituts" ersonnen hatte.

kung dieses Begriffes verhängnisvoll. Denn der Wortlaut des Paragraphen führt dahin, daß ein Schuldanerkennungsvertrag auch mündlich abgeschlossen werden könne, wenn dabei nur des Schuldgrunds specialisirt gedacht werde.

Wenn ich also zu Jemandem sagte: „Erkennst du an, daß du mir aus Darlehn zur Zeit noch 550 ℳ. schuldig bist?“ und er antwortete „Jawohl!“, so wäre das ein nach § 683 ungültiger Anerkennungsvertrag. Wenn ich aber sagte: „Erkennst du an, daß du mir aus dem am 7. October 1884 baar ausgezahlten Darlehn von 1000 ℳ., auf welches am 2. Januar 1886 450 ℳ. abgetragen worden sind, noch 550 ℳ. schuldig bist?“ und er antwortete: „Jawohl!“, so wäre das, trotz des mündlichen Abschlusses, ein gültiger Anerkennungsvertrag; wenigstens dürfte der Richter einen solchen darin finden. Wenn ich Jemandem sagte: „Erkennst du an, daß du nach unserer am 1. v. M. gepflogenen Abrechnung 562 ℳ. schuldig bist“ und er antwortete: „Jawohl!“, so wäre das nach § 683 ungültig. Wenn ich ihm aber sämmtliche Rechnungsposten vorläse und dann ihn fragte: „Erkennst du nun diese Rechnungsposten und darnach deine Schuld aus Abrechnung im Betrage von 562 ℳ. an?“ und er antwortete „Jawohl!“, so wäre das ein Abrechnungsvertrag, der gültigerweise mündlich abgeschlossen wäre. Ist das nun wirklich Absicht des Entwurfs? Ich möchte es bezweifeln. Man denke sich nur, welch ein Wust von Streitigkeiten daraus entstehen würde.

Ich kann mir überhaupt kaum denken, daß nicht dem Entwurfe eine bloße Ungenauigkeit der Fassung zu Grunde liege, die dann der Motivenschreiber in seinem Sinne ausgelegt hat. Der richtige Ausdruck würde sein:

> Ein von dem Gläubiger angenommenes Versprechen einer Leistung oder ein von dem Gläubiger angenommenes Anerkenntnis, zu einer Leistung verpflichtet zu sein, ist nur dann gültig, wenn es schriftlich ertheilt ist. Die Gültigkeit ist unabhängig von der Angabe eines Verpflichtungsgrundes.

Wäre wirklich der Paragraph im Sinne der Motive zu verstehen, so würde auch diese wichtige Lehre arg verstümmelt aus dem Gesetze hervorgehen.

Zu § 722.

Rechtsfall: A. ist im Jahre 1880 von N. fahrlässig getödtet worden. Tödlich verwundet hat er noch seinen Freund E. zum Erben eingesetzt. Im Jahre 1900 stirbt ein Oheim des A. Dem A., wenn er noch lebte, würden aus der Erbschaft des Oheims 100000 ℳ angefallen sein. E. klagt darauf gegen N. auf Ersatz dieser 100000 ℳ. Das Gericht erkennt:

J. E., daß nach § 722 das Vermögen eines Getödteten auch um den Betrag eines Erwerbes als beschädigt anzusehen ist, welchen der Getödtete bei seinem Fortleben gemacht haben würde, A. auch nach seiner muthmaßlichen Lebensdauer den Tod seines Oheims erlebt haben würde: wird der Beklagte zum Ersatz der 100000 ℳ verurtheilt.

Entspricht diese Entscheidung wohl unserem Rechtsgefühl? — Wie viele Eventualitäten hätten sich wohl dazwischen schieben können, ehe bei Fortleben des A. durch dessen Beerbung E. das Vermögen des Oheims gewonnen hätte!

Den § 725

halte ich für zu weitgehend. Er enthält eine förmliche Einladung zur Erhebung der widernatürlichsten Processe, die sich um die Frage drehen werden, „ob der Thäter den Schaden habe voraussehen können“. Daß man den Angehörigen eines Getödteten einen Alimentationsanspruch gegen den Thäter gewährt, hat weniger im strengen Rechte als im Mitleid seinen Grund. Im Allgemeinen aber sind die kraft besonderer Rechtsverhältnisse aus dem Tode eines Menschen für Dritte hervorgehenden Nachtheile, gerade so wie die Vortheile, Zufälligkeiten, für die derjenige, der den Tod verschuldet hat, nicht aufzukommen braucht. Wird die Vorschrift Gesetz, so kann unter anderem auch, wenn ein Beamter durch Fahrlässigkeit getödtet wird, der Staat darauf klagen, daß der

Thäter ihm die an die Hinterbliebenen zu zahlende Pension ersetze. Kann man nun wohl in Wahrheit demjenigen, der z. B. aus Unvorsichtigkeit einen Andern auf der Jagd erschossen hat, den Vorwurf machen: „Du hättest hier ganz besonders vorsichtig sein müssen, weil du wußtest, daß der Getödtete eine pensionsberechtigter Beamter war", oder „weil du wußtest, daß er in eine Lebensversicherung eingesetzt hatte!" — ?

Zu § 729.

Meines Erachtens muß der Inhaber der Wohnung unbedingt für diejenigen haften, welche mit seinem Willen in seiner Wohnung verweilen. Gesetzt, ich werde durch Hinausgießen oder -werfen aus einer Wohnung beschädigt; ich verklage den Hausherrn; dann beweist er, daß seine Kinder oder das Dienstmädchen es gethan haben; und dann soll ich, wenn ich nicht beweisen kann, daß er die nöthige Aufsicht unterlassen oder in der Auswahl unvorsichtig gewesen, den Proceß verlieren und die Kosten bezahlen? Ich halte das für keine Gerechtigkeit. Der Hausherr muß dafür sorgen, daß dergleichen in seinem Hause nicht vorkommt; und wenn es dennoch vorkommt, so muß er, und nicht der unschuldige Dritte, den Schaden tragen.

Zu § 736.

Daß der Richter wegen seiner „Entscheidung" in Rechtssachen nicht anders als in den Fällen, wo er auch strafrechtlich verantwortlich wird, haftbar gemacht werden könne, dagegen ist nichts einzuwenden. So weit geht auch nur die Begründung in den Motiven. Der Paragraph dehnt aber die Unverantwortlichkeit des Richters auch auf die „Leitung" der Rechtssachen aus; und darunter kann man Dinge begreifen, für welche der Richter von Rechts wegen einzustehen hätte. Wenn z. B. ein Vorsitzender auf eine ihm eingereichte, mit der Verjährung bedrohte Klage ungebührlich die Anberaumung des Termins so verzögerte, daß darüber die Klage nicht mehr innerhalb der Verjährungsfrist zugestellt werden könnte, so wäre er meiner Ansicht nach haftbar. Nach dem Entwurfe würde er frei bleiben.

Zu § 737.

Höchst charakteristisch sind die Grundsätze, welche der Entwurf für die condictio indebiti aufstellt. Bekanntlich waren die strengen Bedingungen, an welche das römische Recht die nachträgliche Anfechtung einer bereits durch Zahlung oder Anerkennung erledigten Schuld band, namentlich die Knüpfung der Rückforderung des Gezahlten an einen bei der Zahlung obwaltenden entschuldbaren Irrthum, nicht etwa eine doctrinäre Schrulle, sondern die Römer erkannten in ihrem lebendigen Rechtssinne, daß, wenn anders der Verkehr mit Sicherheit seine Wege gehen soll, es durchaus nothwendig ist, es mit der Wiederaufgreifung erledigter Schuldverhältnisse streng zu nehmen. Der Entwurf scheint diese Anschauung nicht zu theilen. Er ist bemüht, die römischen Grundsätze der condictio indebiti möglichst zu lockern. Er knüpft zunächst an den Beweis der Nichtschuld eine strenge Vermuthung des Irrthums. Nur wenn der Zahlende positiv von der Nichtschuld Kenntnis gehabt hat, soll die Rückforderung ausgeschlossen sein. „Auf die Entschuldbarkeit des Irrthums, sowie darauf, ob der Irrthum Thatsachen betraf oder ein Rechtsirrthum war, kommt es nicht an." „Nur die wirkliche Kenntnis vom Nichtbestande der Verbindlichkeit schließt die Rückforderung aus; der bloße Zweifel steht der Kenntnis des Nichtbestandes nicht gleich." Auch wenn mit der Zahlung einer Anstands- oder Sittlichkeitspflicht genügt ist, soll die Rückforderung nicht ausgeschlossen sein. Desgleichen nicht die Rückforderung nicht geschuldeter Zinsen. Auch nicht die Rückforderung dessen, was der Gemeinschuldner, der accordirt hat, über die Accordsummen hinaus seinen Gläubigern auszahlt (Motive S. 833, 834).

Mit diesen Grundsätzen beschreitet die mehrfach erkennbare Neigung des Entwurfs, extreme Ansprüche zu begünstigen, ein neues, weit ausgedehntes Feld. Kommen diese Grundsätze, so wie sie aufgestellt sind, wirklich zur Durchführung — es wird ja in dieser Beziehung noch sehr viel von der Persönlichkeit der Richter abhängen — so wird damit die Sicherheit des Verkehrs, die zu einem wesentlichen Theile auf der Unantastbarkeit erledigter Geschäfte beruht, empfindlich gestört werden. Ich wage vorauszusagen, daß der Entwurf unter Umständen Fälle der Rückforderung hervorrufen wird, darin siegreiche Durchführung das natürliche Gefühl tief verletzen dürfte.

II.

Civilproceßrecht.

1. Der Urkunden- und Wechselproceß. Von Dr. Friedrich Stein, Privatdocent an der Universität Leipzig. Leipzig, Duncker & Humblot. 1887. X und 377 S. 8°.

Wenn auf irgend einem Gebiete des Civilproceßrechts eine Monographie erwünscht war, so mußte dies wohl am ehesten im Hinblick auf das fünfte Buch der Civilproceßordnung der Fall sein, welches in kürzesten Zügen eine Darstellung der Besonderheiten des Urkunden- und Wechselprocesses gibt. Gerade hier hat man gar oft dem Gesetzgeber den Vorwurf gemacht, er habe seine Arbeit zu leicht genommen, gerade hier tritt uns eine Fülle unausgetragener Controversen entgegen. Ja, man darf wohl ohne Uebertreibung sagen, daß der Urkunden- und Wechselproceß bis zur Stunde der der Cultur bedürftigste Theil des ganzen Gesetzbuches gewesen ist. Mit um so größerer Freude können wir daher constatiren, daß diese schwierige Materie einen ihrer würdigen Bearbeiter gefunden hat. Herangebildet in der Schule Wach's zeichnet sich Stein durch eine so vollständige Meisterschaft über den gesammten Stoff aus, daß man auch für die Zukunft seinen Leistungen mit Spannung entgegensehen darf. Seine Arbeit ist vielfach nicht minder werthvoll für das gesammte Civilproceßrecht als für die in dem Titel angedeutete specielle Materie. Hierin findet wohl auch der verhältnismäßig große Umfang des Werkes seine Erklärung.

geeinigten Willen eine Rechtsänderung vorgenommen; die Rechtsänderung, daß der Pächter statt des Eigenthümers „Inhaber“ des Gutes wird. Nun erkennt man ja aber auch einen „Besitz“ an, der jeder thatsächlichen Grundlage ermangelt, und folgeweise auch eine „Besitzübertragung“, die durch das „beiderseitige bloße Gewollthaben“ vor sich geht. Das ist das constitutum possessorium (§ 805 des Entwurfs). Ist nun dieses etwa auch kein Rechtsgeschäft?

Der Satz „Besitzübertragung ist kein Rechtsgeschäft“ scheint auf den ersten Blick rein theoretischer Natur zu sein. Wir werden jedoch sehen, daß die Motive denselben auch praktisch zu verwerthen suchen. Wenn aber so ungesunde Sätze auch nur theoretisch in die Rechtswissenschaft hineingeworfen werden, so schädigen sie das juristische Denken bis in die Wurzeln. Ein Richter, der sich gewöhnt, einen solchen Satz nachzusprechen, ist zu jeder verkehrten Entscheidung fähig.

Für die weitere Betrachtung der Lehre des Entwurfs will ich hier zunächst vier Verhältnisse zusammenstellen, welche für die Besitzfrage — ich bitte dabei zunächst an den Besitz von Grundstücken zu denken — ins Auge zu fassen sind.

a) Der Eigenthümer übt selbst die thatsächliche Gewalt über die Sache aus.

b) Der Eigenthümer übt nicht die thatsächliche Gewalt über die Sache aus; er wird aber von demjenigen, der sie ausübt, als Eigenthümer anerkannt.

c) Ein Anderer als der Eigenthümer übt die thatsächliche Gewalt über die Sache kraft eigenen Rechts aus; er erkennt aber daneben das Recht des Eigenthümers an der Sache an; — das Verhältnis des Nießbrauchers, Faustpfandgläubigers, Pächters, Vasallen u. s. w.

d) Ein Anderer als der Eigenthümer übt die thatsächliche Gewalt über die Sache aus, nimmt aber für sich kein Recht an derselben in Anspruch, sondern will nur Rechte des Eigenthümers ausüben; — das Verhältnis des Verwalters.

Ich will alle diese Verhältnisse vorläufig „Besitz" nennen, und zwar das Verhältnis unter a activen (vollen) Eigenthumsbesitz, das unter b ruhenden Eigenthumsbesitz, das unter c sachenrechtlichen Besitz, das unter d Verwaltungsbesitz.

Wir wollen nun sehen, wie die bestehenden Lehren sich zu diesen verschiedenen Besitzverhältnissen stellen.

In der gemeinrechtlichen Wissenschaft ist es herrschende Lehre geworden, daß nur der Eigenthumsbesitz, einerlei ob activ oder ruhend (a oder b), juristischer Besitz sei. Für einige der Verhältnisse des sachenrechtlichen Besitzes (c) wird daneben noch ein „abgeleiteter" oder ein „Rechtsbesitz" anerkannt. Abgesehen hiervon werden aber diese Verhältnisse mit der Bezeichnung als „Detention", die gar kein eigentlicher Besitz sei, abgefunden.

Das preußische Landrecht (I. 7. § 3) definirt den Besitzer als denjenigen, der eine Sache in Gewahrsam nimmt in der Absicht, „darüber für sich selbst zu verfügen." Es faßt also die Verhältnisse unter a, b und c unter dem Begriff des Besitzes zusammen. Es unterscheidet zwischen dem Eigenthumsbesitz (a und b) und dem sachenrechtlichen Besitz (c) nur in der Art, daß es jenen vollständigen, diesen unvollständigen Besitz nennt (das. §§ 6 und 7). Zwischen den Besitzverhältnissen des Eigenthümers unter a und b unterscheidet es nicht grundsätzlich. Es spricht aus (das. § 124), daß durch Einräumung des unvollständigen Besitzes an einen Anderen der vollständige Besitz des bisherigen Besitzers fortgesetzt werde.

Darf ich meine unmaßgebliche Ansicht darüber aussprechen, wie unser Volksbewußtsein die Sache auffaßt, so versteht dieses unter Besitz in erster Linie das Verhältnis zu einer Sache, welches den Besitzer berechtigt, jeden, der in dieses Verhältnis eingreifen will, durch eigene Kraft abzuwehren. Das sind die obigen Verhältnisse a und c, in welchen der Besitzer in Ausübung eines ihm zustehenden eigenen Rechtes die Herrschaft an der Sache ausübt. *Diesem Begriff des Besitzes liegt in Wirklichkeit ein thatsächliches Verhältnis zu Grunde.* Das preußische

Recht, welches das Verhältnis unter c in den Begriff des Besitzes mit hereinzieht, steht daher auf einem weit natürlicheren Standpunkt, als das gemeine Recht nach der Savigny'schen Lehre. Wenn man daneben auch den Eigenthümer in dem Verhältnis unter b als „Besitzer" bezeichnet, so paßt dies nur insofern, als ihm in gewisser Beziehung (namentlich für die Verjährung) der sachenrechtliche Besitz des Andern, der ihn als Eigenthümer anerkennt (c), zugerechnet wird, ihm auch, sobald dieser Andere seinen Besitz aufgibt oder die Rechte daraus nicht geltend macht, der volle Eigenthumsbesitz, bezw. die Rechte daraus, von selbst wieder zufallen. Irrig aber ist es, die unter c aufgeführten Besitzer lediglich als Vertreter des Eigenthumsbesitzers hinzustellen. Sie erkennen den Eigenthümer als solchen und sein eventuell wieder auflebendes Besitzrecht an; aber es fällt ihnen nicht ein, ihre an der Sache geübte Herrschaft nur für ihn ausüben zu wollen. Oder „besitzt" etwa derjenige, der sich in seiner Stube auf ein gemiethetes Sopha setzt, dasselbe im Namen des Eigenthumes? Spielt derjenige, der auf einem ihm vermietheten Klavier spielt, im Namen des Eigenthümers? Säet derjenige, der auf einem gepachteten Acker Früchte säet, die Frucht für sich oder für den Eigenthümer? Es ist unzweifelhaft, sie üben die Herrschaft für sich selbst, im Interesse ihres eigenen Rechtes, und sie üben sie auch dem Eigenthümer gegenüber aus. Denn auch diesen, wenn er eigenmächtig in ihr Verhältnis zur Sache eingreifen wollte, würden sie hinauswerfen dürfen. Darin charakterisirt sich ihr selbständiger Besitz. Sie haben auch gerade so wie der Eigenthümer einen Besitzwillen, nur nicht auf Eigenthum, sondern auf das ihnen sonst an der Sache zustehende Recht gegründet. Dieses Recht, so lange es dauert, gibt ihrem Besitz dieselbe Berechtigung, wie dem des Eigenthümers.

Betrachten wir nun noch das Verhältnis unter d — Verwaltungsbesitz — so trifft für den Verwalter, der keine eigenen Rechte an der Sache üben will, in der That zu, daß er nur Vertreter fremden Besitzes ist — alienae possessioni ministerium praestat. Zwar darf auch er, wenn Fremde ihn aus der Sache verdrängen wollen, sich durch eigene Kraft schützen. Es ist sogar nicht unzweckmäßig, so wie das römische Recht (l. 1 C. si per vim 8, 3) und auch das preußische Landrecht (I. 7. § 146) gethan, dem entsetzten Verwalter persönlich eine Klage auf Wiedereinsetzung in den Besitz zu geben. Aber er übt alle Rechte dieser Art in Wahrheit nur als Vertreter dessen, für welchen er den Verwaltungsbesitz ausübt. Und die Folge davon ist, daß, sobald dieser selbst erscheint und sein Besitzrecht geltend macht, jedes Besitzrecht des Verwalters aufhört. Diesem gegenüber hat er nicht das Recht, durch eigene Kraft sich im Besitze zu erhalten. Darin liegt der charakteristische Unterschied von dem Verhältnis des sachenrechtlichen Besitzes unter c. Hiernach kann man im Grunde genommen sagen: der Verwalter hat gar kein Besitzrecht. Er ist nur das Werkzeug fremden Besitzes [1]).

Dieser, wie ich glaube, natürlichen Auffassung der Besitzverhältnisse würde es entsprochen haben, wenn man im Anschluß an das preußische Landrecht die Verhältnisse unter a und c, für welche in der Hauptsache gleiche Regeln gelten, als Ausgangspunkt der Besitzlehre betrachtet und unter dem Begriff des Besitzes zusammengefaßt, daneben nur noch das Verhältnis des ruhenden Besitzes (b) geordnet hätte. Das Verhältnis unter d wäre dann lediglich unter den Gesichtspunkt einer Vertretung im Besitze gefallen. Die ganze Unterscheidung zwischen „Besitz“ und „Inhabung“ würde dann entbehrlich sein. Beiläufig will ich bemerken, daß das künstlich gebildete Wort „Inhabung“ (eine Uebersetzung von detentio) niemals ein volksthümlicher Ausdruck für irgend eine Art des Besitzes werden wird. Es wird stets nur Juristendeutsch bleiben.

Sehen wir nun, wie der Entwurf die Sache behandelt. Er stellt für die Besitzlehre zwei Begriffe auf, Besitz und Inhabung.

[1]) Für Mobilien trifft dies jedoch nur soweit zu, als nicht durch Einbringung derselben in die Wohnung ein anderes Verhältnis begründet wird. Auch der Depositar will keine eigenen Rechte an der Sache üben und steht insofern dem Verwalter gleich. Hat er aber die Sache in seiner Wohnung, so wird er Besitzer, und der Besitz kann ihm nicht eigenmächtig vom Eigenthümer entzogen werden.

Diese schleppende Doppelbezeichnung zieht sich durch das ganze Werk hindurch. Zu Eingang in § 792 wird gesagt: Die Erlangung der thatsächlichen Gewalt über eine Sache begründe Inhabung. Verbinde sich damit der Wille des Inhabers, die Sache als die seinige zu haben, so werde Besitz erworben. Was versteht nun der Entwurf unter dem Willen, „die Sache als die seinige zu haben"? Sonderbarerweise citiren die Motive (S. 82) als Autorität für diesen Satz gleichzeitig den Satz des preußischen Landrechts: „Absicht über die Sache für sich selbst zu verfügen" und die Sätze anderer Gesetzbücher: „Absicht, Eigenthum auszuüben", als ob beides gleichbedeutend sei, während doch beide Sätze ganz Verschiedenes besagen. Der Satz des Entwurfs, „die Sache als die seinige zu haben", ist dunkel gehalten. Nach dem weiteren Zusammenhang ist aber nicht zu zweifeln, daß der Entwurf sich auf den Standpunkt der gemeinrechtlichen Lehre (nach Savigny) hat stellen und nur den Eigenthumsbesitzer als „Besitzer" hat anerkennen wollen. Da nun auch der Entwurf die (allerdings ungenießbaren) gemeinrechtlichen Lehren vom „abgeleiteten Besitz" ꝛc. nicht angenommen hat, so fallen für ihn alle sachenrechtlichen Besitzer, Nießbraucher, Faustpfandgläubiger, Pächter, Vasall, lediglich unter den Begriff der „Inhaber". Als solche haben sie — das ist der Standpunkt des Entwurfs — nur „thatsächliche Gewalt", keinen Besitz, auch keinen Besitzwillen. Die thatsächliche Gewalt aber üben sie für den Eigenthumsbesitzer aus. In diesem Sinne bestimmt der Entwurf (§ 811): „Der Besitz wird dadurch nicht beendigt, daß ein Anderer die thatsächliche Gewalt über die Sache mit dem Willen erlangt, die Gewalt für den Besitzer auszuüben". Und nach § 805 soll die „Uebergabe" einer Sache dadurch bewirkt werden können, daß der bisherige Besitzer erklärt, die thatsächliche Gewalt fortan für einen Anderen ausüben zu wollen. Auf diese Weise wird die Fiction aufrecht erhalten, daß der Besitz ein „thatsächliches Verhältniß" sei. Ist denn das alles nun aber richtig? Ich glaube oben gezeigt zu haben, daß die gedachten Personen nicht für den Eigenthümer, sondern in erster Linie für sich die thatsächliche Gewalt ausüben. Für den Eigenthümer üben sie so wenig die thatsächliche Gewalt aus, daß, wenn dieser käme und die thatsächliche Gewalt selbst üben wollte, sie ihn hinauswürfen. Der „Besitz", welchen man gleichwohl bei einem Verhältnisse dieser Art dem Eigenthümer zuschreibt — es ist der Besitz, den ich oben als „ruhenden" bezeichnete —, ist hiernach nicht ein thatsächliches, sondern ein ideal-rechtliches Verhältnis. Die ganze Annahme, daß der Eigenthümer hierbei die thatsächliche Gewalt habe, ist eine conventionelle Lüge der Jurisprudenz. Anders, wenn der Eigenthümer den Besitz auf einen Verwalter überträgt oder durch diesen einen Besitz erwirbt. Dann paßt alles, was der Entwurf von der Ausübung der thatsächlichen Gewalt durch den Inhaber für den Eigenthumsbesitzer sagt. Dieser braucht nur zuzugreifen, dann hat er die thatsächliche Gewalt.

Die mangelnde Unterscheidung in der Natur der Verhältnisse, welche der Entwurf unter dem Namen „Inhabung" zusammenfaßt, hat nun auch zu einer Ungenauigkeit in der Bestimmung der daran geknüpften Rechte geführt. Die Rechte des Selbstschutzes, welche der § 815 Abs. 1—3 dem Inhaber gibt, hat unzweifelhaft einem Dritten gegenüber jeder Inhaber, der Inhaber zu eigenem Rechte, wie der Verwalter; und auch die daran sich knüpfende Klage wegen Eigenmacht (§ 819) kann man jedem Inhaber gewähren. Hat denn aber auch jeder Inhaber das in § 815 Abs. 4 bezeichnete Recht des Selbstschutzes und die daran geknüpfte Klage gegen denjenigen, „für welchen er die Sache inne hat"? Dieser Satz paßt nur auf den Inhaber zu eigenem Rechte, nicht auf den Verwalter. Man könnte vielleicht meinen, der Entwurf habe unter dem „Inhaber" überhaupt nur einen Inhaber zu eigenem Rechte begriffen. Abgesehen aber davon, daß der Entwurf überall dem Inhaber den Willen beimißt, „die thatsächliche Gewalt für den Besitzer auszuüben", was recht eigentlich nur auf den Verwalter paßt, so stehen auch jener Annahme die Motive entgegen. Das preußische Landrecht (I. 7 § 144) enthält die ganz richtige Bestimmung: „Den bloßen Inhaber kann der, in dessen Namen derselbe besitzt, der Gewahrsam aus eigner Macht zu allen Zeiten entsetzen." Der „bloße Inhaber" steht ohne Zweifel im Gegensatz zu dem Inhaber zu eigenem Rechte, den ja das Landrecht „unvollständigen Besitzer" nennt. Die Motive (S. 110) lehnen aber diese Bestimmung ab. „Sie stimme nicht zu der principiellen Auffassung der Rechtstellung des Inhabers." Darnach gestaltet sich also das Recht des Entwurfs so. Jemand, der verreist, hat seinen Diener zur Beaufsichtigung in seine Wohnung gesetzt. Wie er zurückkommt, hat sich der Diener in der Wohnung eingerichtet und will den Herrn nicht wieder hineinlassen. Darf nun der Herr den Schlosser kommen lassen, die Wohnung aufbrechen und den Diener hinauswerfen? Nach der Bestimmung des Entwurfs würde er damit Eigenmacht üben und sich der Klage des § 819 aussetzen. Ich glaube nicht, daß das die Absicht des Entwurfs ist; aber aus den Bestimmungen in Verbindung mit den Motiven ist es abzuleiten.

Auch die Beschränkung in Abs. 3 des § 815, wonach der sich im Besitz Schützende keine „Gewalt gegen die Person" gebrauchen soll, dürfte der innern Rechtfertigung entbehren. Das Recht des Selbstschutzes im Besitze ist so wichtig, daß dabei auch eine sich entgegenstellende Person nicht geschont werden kann.

Noch in einem weiteren Punkte kann ich dem Entwurfe nicht beistimmen. Er will nach § 819 Abs. 2 gegen die Eigenmachtsklage die Einrede zulassen, daß der Kläger früher die Sache dem Beklagten eigenmächtig abgenommen habe. Das heißt also: wenn A. am 1. Januar den B. eigenmächtig aus dem Grundstück hinauswirft und dann am 1. Juli B. den A. wieder hinauswirft, so wird auf die Klage des A. dieses zweite Hinauswerfen des B. für rechtmäßig erklärt. Wie verhält sich nun diese Vorschrift zu der Vorschrift des § 815 Abs. 3, wonach der Besitzer nur sofort nach der Kenntnisnahme von der Besitzergreifung des Andern diesen wieder vertreiben darf? Sie scheint nicht damit übereinzustimmen. Aber ist denn in Abrede zu stellen, daß man auch mit dieser Vorschrift der Eigenmacht freies Spiel einräumt und die Bürger gewissermaßen dazu auffordert, sich die Köpfe blutig zu schlagen? Darf B. bei der von ihm geübten Eigenmacht erwarten, daß er in einem deshalb geführten Rechtsstreit als Sieger hervorgehen wird, weil früher einmal A. gegen ihn Eigenmacht geübt hat: was soll ihn denn da abhalten, wenn er anders sich kräftig genug dazu fühlt, auch seinerseits im Wege der Eigenmacht vorzugehen? Man könnte vielleicht ohne Schaden die Sache so ordnen, wie der Entwurf es will, wenn die Eigenmacht strafrechtlich bedroht wäre. Dann läge schon in dieser Strafandrohung das nöthige Abschreckungsmittel gegen die Versuchung, eine erste Eigenmacht mit einer zweiten zu beantworten. Dem ersten Friedensbrecher würde die Sache abgesprochen; aber beide würden wegen der geübten Eigenmacht bestraft. Das wäre zu ertragen. Fehlt es aber an jeder strafrechtlichen Abwehr, so ist es nothwendig, civilistisch die Sache so zu ordnen, daß jedesmal die letzte Eigenmacht mit Verlust des Processes gestraft wird. Wo nicht, provocirt man die Eigenmacht. Ohne Zweifel ist der Grundsatz des Entwurfs eine Erinnerung an die römischen Besitzexceptionen. Diese beruhten aber auf einer ganz andern Auffassung des Besitzes. Ueberdies finden wir schon im Justinianischen Recht die exceptio vis gegen das interdictum unde vi fallen gelassen. Und heute sollte dieselbe wieder aufleben?

Uebrigens trägt nach § 824 die Einrede in sich selbst den Keim des Todes. Gesetzt, A. hat den B. am 1. Januar, B. den A. am 1. Juli entsetzt. Erhöbe nun A. sofort Klage gegen B., so würde allerdings die Einrede aus der Entsetzung vom 1. Januar ihm entgegengestellt werden können. Sein kluger Anwalt wird ihm aber rathen, die Klage erst am 1. Januar des folgenden Jahres anzustellen. Dann ist die Klage aus der Entsetzung vom 1. Juli noch zulässig; die Einrede aus der Entsetzung vom 1. Januar aber ist nach § 824 verjährt. (Der Schlußsatz des § 824 bezieht sich nicht auf die Fälle des § 819 Abs. 2.) Ist das nicht eine sonderbare Einrede, der man so leicht entgehen kann?

Zu §§ 803, 804, 805 und 874.

§ 874 Abs. 1 spricht aus, daß Eigenthum an beweglichen Sachen durch die entsprechende Willensäußerung der Vertragschließenden nur unter Uebergabe der Sache übertragen werden könne. Die Vorschrift erhält jedoch ihre nähere Erläuterung durch die §§ 803 und 805, welche über die Art und Weise, wie unter Umständen die „Uebergabe" sich vollziehe, Bestimmung treffen.

Was zunächst die Bestimmung des § 803 betrifft, so ist diese mit Freude zu begrüßen, weil sie mit der Lehre vieler Romanisten bricht, daß man eine Sache, „über welche der Erwerber die Gewalt beliebig auszuüben thatsächlich in der Lage sei", (also sagen wir kurz: eine offenliegende Sache) doch nur in unmittelbarer Nähe derselben übergeben könne. Ich habe bei diesem Paragraphen nur das Bedenken, daß er durch die allzu theoretische Haltung seinen praktischen Werth gefährdet. Schon oben ist bemerkt worden, daß man Besitz niemals abstract überträgt, daß vielmehr in seiner Uebertragung stets ein Geschäft materiellen Inhalts begriffen ist. Für die im wirklichen Leben handelnden Menschen verschwindet dadurch vielfach die vermittelnde Bedeutung der Besitzübertragung gänzlich. Wer z. B. einem Andern, um ihn zum Eigenthümer zu machen, eine Sache übergibt, wird gewiß, wenn man darnach fragt, nicht sagen: „Ich habe ihm den Besitz übertragen, um ihn zum Eigenthümer zu machen"; sondern er wird sagen: „Ich habe ihm das Eigenthum übergeben". Darnach kann man aber auch nicht verlangen, daß in den Fällen des § 803 Abs. 2 die im Leben handelnden Menschen die Erklärung abgeben, „daß der eine den Besitz einräume", und „daß der andere ihn ergreife". Vielmehr wird naturgemäß ihre Erklärung sich in der Regel dahin gestalten, daß an der (offenliegenden) Sache der Eine dem Andern „das Eigenthum übertrage"[1]). Wo eine solche Erklärung vorliegt, da schließt sie den theoretisch vermittelnden Gedanken der

[1]) So z. B. in dem Rechtsfalle bei Seuffert Bd. 34, 13, wo in dem Vertrage gesagt war: „Der Magistrat tritt die Straßenfläche . . . zum Eigenthum ab."

Besitzübertragung in sich. Es ist aber zu befürchten, daß, wenn dies nicht im Gesetze klargestellt wird, manche Richter aus der theoretischen Fassung des § 803 die Folge ableiten, es müsse jedesmal, um Eigenthum zu übertragen, die Einräumung und Ergreifung des Besitzes förmlich zum Ausdruck gebracht sein.

Bei Grundstücken geht die Uebertragung des Eigenthums durch die Auflassung in Verbindung mit der Eintragung vor sich. Gleichwohl wird bei geschlossenen Grundstücken zur Uebertragung des Besitzes noch eine besondere Einräumung erfordert werden. Sind aber lediglich offene Grundstücke Gegenstand des Vertrags, so liegt auch hier der Fall des § 803 Abs. 2 vor, und es muß in der Auflassung in Verbindung mit der Eintragung zugleich die Erklärung der Besitzüberweisung gefunden werden.

Darf ich hoffen, daß das soeben zu § 803 Erörterte von dem, was der Entwurf will, nicht wesentlich abweicht, so muß ich dagegen zu § 805 eine mehr abweichende Ansicht zur Geltung bringen.

Dieser Paragraph behandelt das constitutum possessorium. Es ist nicht zu leugnen, daß dieses Institut öfters für simulirte oder zur Umgehung eines Gesetzes abgeschlossene Geschäfte benutzt wird. Viele Juristen sind deshalb von vornherein demselben abgeneigt. Nun mag man ja alle geeigneten Bestimmungen treffen, um einem solchen Gebrauch desselben zu begegnen. Simulirten Geschäften gegenüber gewährt schon jetzt die freie Beweistheorie dem Richter die umfassendsten Mittel, der Wahrheit auf den Grund zu kommen. Die Möglichkeit des Mißbrauchs rechtfertigt aber nicht, das ganze Institut juristisch zu chikaniren. So nenne ich es, wenn man ihm widernatürliche Schwierigkeiten bereitet, die so wohl das rechtmäßig, wie das unrechtmäßig abgeschlossene Geschäft treffen.

Wenn die Römer den Grundsatz aufstellten, daß Eigenthum nur durch Tradition übertragen werde, so geschah das sicherlich nicht vom Standpunkt polizeilicher Ueberwachung. Der Besitz ist die thatsächliche Erscheinung, in welcher das Eigenthum ins Leben tritt. Nichts war daher natürlicher, als die Regel, daß nach dem muthmaßlichen Willen der Betheiligten Eigenthum auch nur durch die Uebertragung des Besitzes übertragen werde. Sobald man aber überhaupt Rechtsverhältnisse anerkannte, bei welchen vereinbarter Maßen der Besitz [1]) von dem Eigenthum sich trennt, mußte man naturgemäß dahin gelangen, auch eine Eigenthumsübertragung anzuerkennen, bei der der Besitz einstweilen noch bei dem Veräußerer blieb; wenn nur klar ausgesprochen war, daß trotzdem das Eigenthum auf den Erwerber übergehen solle. Die Römer vermittelten sich diesen Gedanken dadurch, daß sie die possessio (d. h. den ruhenden Besitz ohne Inhabung) als auf den Erwerber übergehend annahmen. Natürlich muß dem Verbleiben des Besitzes bei dem Veräußerer ein besonderes Rechtsverhältniß zu Grunde liegen. Aber der Bestand eines solchen ist, wenn trotz des Eigenthumsübergangs das einstweilige Verbleiben der Sache bei dem Veräußerer vereinbart wird, eine psychologische Nothwendigkeit. Was für ein Rechtsverhältniß es ist, ob es den Veräußerer „befugt" oder „verpflichtet", den Besitz zu behalten, ist für die Wirkung ganz gleichgültig. Genug, daß der Veräußerer mit dem Willen des Erwerbers den Besitz behält. Ist dies vereinbart, so muß dem doch irgend ein Zweck zu Grunde liegen, und dieser Zweck bildet das „Rechtsverhältniß".

Anders der Standpunkt des Entwurfs.

Nach den Motiven (S. 333) soll im Mobilienrechte das „Traditionsprincip" ähnlichen Zwecken dienen, wie im Immobilienrechte das Eintragungsprincip. Es soll dadurch ein Auseinanderfallen von Besitz und Eigenthum verhütet und der zeitige Rechtszustand thunlichst kundbar gemacht werden. Darnach gelangt der Entwurf (Motive S. 97) nur unter Ueberwindung erheblicher Zweifel und Bedenken dahin, das const. poss. überhaupt als Form des Eigenthumsübergangs zuzulassen. „Bei dem const. poss. hat der neue Besitz die schwächste Grundlage, nämlich nur die Kund-

[1]) Man verzeihe mir, daß ich hier vom „Besitz" rede. Im Sinne des Entwurfs müßte es „Inhabung" heißen.

gebung des Vertragswillens des bisherigen Besitzers, bei welcher der Zweifel besteht, wie das Behalten der Sache ungeachtet der Uebergabe sich erkläre. Die reale Veränderung wird in Folge dieses Umstandes zweifelhaft" [1]). Gleichwohl will der Entwurf das const. poss. nicht ganz ausschließen, aber man glaubt es doch unter strenge Controle stellen zu müssen: „Das Behalten der Sache seitens des Tradenten steht in einem gewissen Widerspruch zu der Erklärung der Besitzeinräumung, und dieser Widerspruch muß durch Klarlegung des von den Betheiligten angenommenen rechtlichen Grundes des Behaltens beseitigt sein, wenn der Räumungserklärung Wirkung beigelegt werden soll. Am deutlichsten erklärt sich das Behalten aus einem dem bisherigen Besitzer eingeräumten obligatorischen oder dinglichen Rechte, kraft dessen die Inhabung von demselben noch eine Zeit lang auszuüben ist. Das Behalten kann aber auch durch eine von dem bisherigen Besitzer kraft eines Auftrags, eines Hinterlegungs- oder eines Dienstvertrages übernommene Verpflichtung genügend erklärt werden, und ein Verkehrsbedürfniß, für diesen Fall die Wirksamkeit des constitutum zu verneinen, liegt nicht vor." Aus dieser Anschauung ist der § 805 hervorgegangen, welcher als Erforderniß aufstellt, daß der Veräußerer, welcher vereinbartermaßen den Besitz behält, „auf Grund eines zwischen ihm und dem Andern bestehenden besonderen Rechtsverhältnisses befugt oder verpflichtet sei, die Sache als Inhaber zu behalten." Natürlich soll der Richter auch das Vorhandensein dieses Rechtsverhältnisses controliren. Nur soviel wird nachgegeben, daß „zur Aufklärung der wirklichen Willenslage nur der vorgestellte Bestand eines das Behalten rechtfertigenden Rechtsverhältnisses erforderlich ist."

Ich kann diese Anschauung nur für eine von einem gewissen polizeilichen Geist eingegebene Verirrung betrachten. Sie erinnert an die Art und Weise, wie noch vor einem Menschenalter die Nothwendigkeit vertheidigt wurde, daß jeder Schuldschein den

---

[1]) Sie wird nicht allein zweifelhaft, sondern sie ist auch ganz und gar nicht vorhanden.

Schuldgrund enthalten müsse. Es war derselbe Irrthum, daß man nicht die psychologische Nothwendigkeit erkannte, welche den Mangel dieser Angabe ergänzt. Wenn A. und B. vereinbaren, daß das Eigenthum einer Sache des A. auf B. übergehen, gleichwohl B. sie noch in Besitz behalten soll, so ist es ganz undenkbar, daß nicht wenigstens „der vorgestellte Bestand eines das Behalten rechtfertigenden Rechtsverhältnisses" zwischen ihnen vorhanden sei. Bemerken will ich noch, daß in jüngster Zeit nicht allein Dernburg (Pandekten § 181 N. 3) und Goldschmidt (Rechtsstudium Not. 133), sondern in der neuesten Ausgabe (§ 155 N. 8 a und b) auch Windscheid sich gegen die „unberechtigte Neugierde" des Gerichtes, das zu Grunde liegende Rechtsverhältniß kennen zu lernen, ausgesprochen hat.

Befreit man den § 805 von diesem theoretischen Ballast und giebt man das Wort „Uebergabe" auf — das in diesem Falle in der That eine „Uebergabe ohne Uebergabe" bedeuten soll — so würde der Paragraph folgende natürlichere Fassung erhalten:

> Die Uebertragung des Besitzes auf einen Andern kann auch dadurch bewirkt werden, daß der bisherige Besitzer im Einverständnis mit dem Andern diesem den Willen erklärt, die thatsächliche Gewalt fortan für denselben auszuüben.

Bei dieser Fassung ist die Ausdrucksweise des Entwurfs zu Grunde gelegt. Aus den oben (bei § 803) dargelegten Gründen kann man aber auch hier nicht von den gewöhnlichen Menschen verlangen, daß sie sich so theoretisch ausdrücken, wie dieser Paragraph unterstellt. Es muß genügen, wenn sie den praktischen Zweck, den sie vor Augen haben, bezeichnen. Der praktische Zweck einer solchen „Besitzübertragung" ist die Eigenthumsübertragung. Wo diese ausdrücklich erklärt, dabei aber der Besitz dem Veräußerer einstweilen noch belassen wird, da liegt const. poss. vor. Die Erklärung des Veräußerers: „Du sollst Eigenthümer sein!" schließt die Erklärung: „Ich will die thatsächliche Gewalt für Dich ausüben" von selbst in sich.

Zur völligen Klarstellung, um was es sich handelt, nehmen wir folgenden Rechtsfall. A. kauft von N. ein Mobiliar. In den schriftlichen Vertrag wird gesetzt:

Die Ueberführung des Mobiliars in die Wohnung des A. kann zur Zeit noch nicht stattfinden. Es soll jedoch das Eigenthum an dem Mobiliar schon mit dem heutigen Tage auf A. übergehen.

Auf Grund dieser Vertragsbestimmung erhebt A. die Eigenthumsklage. Das Gericht erkennt:

Nach § 874 kann Eigenthum an Mobilien durch Willenserklärung nur unter Uebergabe der Sache erfolgen. Eine Uebergabe ist nicht erfolgt. Auch eine solche des § 805 Abs. 1 liegt nicht vor. Es ist nicht ersichtlich, daß zwischen A. und N. ein besonderes Rechtsverhältnis besteht, kraft dessen N. befugt oder verpflichtet gewesen wäre, die Sache als Inhaber zu behalten. Auch hat N. nicht im Einverständnis mit A. den Willen erklärt, die thatsächliche Gewalt fortan für A. auszuüben.

Nach dem Entwurf muß man diese Entscheidung für richtig halten. Ich halte sie aus den oben dargelegten Gründen für falsch und würde den A. als Eigenthümer anerkennen.

Um der Sache einen menschlich klaren Ausdruck zu geben, würde es sich empfehlen, zu Abs. 1 in § 874 folgenden Zusatz zu machen:

Neben der Willenserklärung der Vertragschließenden bedarf es einer Uebergabe nicht, wenn der Erwerber sich thatsächlich in der Lage befindet, die Gewalt über die Sache beliebig auszuüben (§ 803), oder wenn der Erwerber und der Veräußerer vereinbaren, daß letzterer einstweilen noch in der Inhabung der Sache verbleibe (§ 805).

Zu § 868 würde sich der Zusatz empfehlen:

Sind offene Grundstücke Gegenstand des Vertrags, so geht mit der Auflassung und Eintragung im Zweifel auch der Besitz auf den Erwerber über. (§ 803).

Die Abneigung gegen das const. poss. macht sich übrigens in den Motiven noch in einer anderen Weise geltend. In der oben citirten Stelle (S. 98 d. Motive) wird so fortgefahren: „Allerdings wird beim const. poss. im Einzelfalle besonders zu prüfen sein, ob die Betheiligten ein Pflichtverhältnis des bisherigen Besitzers ernstlich gewollt und sich nur die Hin- und Rückgabe erspart haben, oder ob etwa zum Nachtheile Dritter der Schein eines perfekten Eigenthumsübertragungsvertrags erregt werden sollte. An die Beweisvorschriften des § 194 wird der Richter bei Prüfung der reinen Thatfrage des Besitzwechsels [1]) nicht gebunden sein." Auch noch an einer andern Stelle (S. 335) wird ein Fingerzeig gegeben, daß, weil „Besitzübergabe kein Rechtsgeschäft sei", der Richter hier der Beweisfrage ganz anders gegenüberstehe und „den behaupteten consensualen Besitzwechsel verneinen könne, wenn gewichtige Zweifel an der Ernstlichkeit der Erklärungen vorliegen". Hier bestätigt sich völlig, was ich oben (S. 483) über die sinnverwirrende Wirkung des Satzes „Besitzübertragung ist kein Rechtsgeschäft" sagte. Die vorstehenden Auslassungen sind nichts anderes, als Anweisungen des Richters zur Willkür.

Dagegen ist es vollkommen gerechtfertigt, wenn da, wo bei einem Rechtsgeschäft gerade der reale Besitzwechsel das Verhältnis zur offenkundigen Erscheinung bringen soll, man einen „Besitzwechsel" durch const. poss., der ja nur ein idealer ist, ausschließt. So namentlich der Vorschrift gegenüber, daß ein Pfandrecht an Mobilien nur in der Form des Faustpfandes bestellt werden kann. Nun kann aber ein der Pfandbestellung analoges Rechtsgeschäft in der Art eingegangen werden, daß der Schuldner dem Gläubiger Sachen verkauft, vorbehaltlich des Rückkaufs. Machen dabei die Contrahenten von dem const. poss. Gebrauch, so liegt darin nicht (wie die Motive anzunehmen scheinen) ein simulirtes Geschäft, wohl aber ein Geschäft zur Umgehung des Gesetzes [2]). Ein solches müßte durch das Gesetz unmöglich gemacht werden. Dafür aber enthält der Entwurf keine Vorschrift.

---

[1]) Beim const. poss. der Besitzwechsel eine reine Thatfrage!

[2]) Ich beziehe mich hierfür auf meine Ausführung in den „Urtheilen des Reichsgerichts" Nr. IX.

Bei § 804 handelt es sich um die Frage, ob und wie das Eigenthum an einer Sache (denn der Besitz kommt ja nur ganz secundär in Betracht) übertragen werden könne, wenn sie in der „Inhabung" eines Dritten (zu eigenem Rechte) sich befindet. Nach dem „Traditionsprincip" weiß der Entwurf kein anderes Mittel dafür, als den Inhaber zu bestimmen, daß er erklärt, „die thatsächliche Gewalt für den Erwerber ausüben zu wollen". Um hierfür einen Druck auf den Inhaber zu üben, bestimmt der Entwurf, daß derselbe als einwilligend angesehen werden soll, wenn er auf die Anweisung des bisherigen Besitzers nicht unverzüglich widerspricht.

Um uns also die Sache praktisch auszumalen, denken wir: N. hat von A. ein Klavier auf ein Jahr gemiethet. Mitten im Jahr verkauft A. dasselbe an B., und es wird vereinbart, daß das Eigenthum sofort auf B. übergehen soll; (damit ist natürlich auch der Besitz überwiesen). A. und B. setzen hiervon den N. in Kenntnis. (So wird praktisch wohl die in § 804 gedachte Anweisung sich ausnehmen. Oder verlangt man, daß A. ausdrücklich sagt: „Ich weise Sie an, die thatsächliche Gewalt über das Klavier fortan für B. auszuüben" —?) Darauf muß nun N. unverzüglich widersprechen, wenn er nicht als einwilligend gelten soll.

Nun hat aber, wie die Motive selbst sagen, die Unterwerfung unter die Anweisung für N. „einschneidende Folgen". B. kann zu ihm sagen: „So! nun bin ich Besitzer, folgeweise Eigenthümer geworden; als solchen geht mich dein mit A. abgeschlossener Miethvertrag nichts an. Also gib mir sofort die Sache heraus!" Nun frage ich: kann wohl ein gewöhnlicher Mensch, der eine fremde Sache zu eigenem Rechte inne hat, ahnen, daß, wenn er auf die Nachricht von dem Verkaufe der Sache nicht widerspricht, dies für ihn die Folge hat, daß der Käufer kommt und ihm die Sache abnimmt? Niemand wird so etwas für möglich halten. Wenn also der Entwurf diese Folge an den unterlassenen Widerspruch knüpft, so läuft das darauf hinaus, Menschen zu täuschen und hinterrücks um ihr Recht zu bringen. Ich halte das für unverantwortlich vom Gesetz.

Aber ich stelle die weitere Frage: was wird denn nun aus der Sache, wenn der Inhaber widerspricht? Nach dem Entwurf wird der Käufer dann nicht Besitzer. Bleibt denn nun aber der Verkäufer Besitzer, obgleich er gar keinen Besitz mehr haben will? Muß er sich den Besitz durch den Willen des Inhabers octroyiren lassen? Und was wird aus dem ganzen Rechtsgeschäft? Hat die Erklärung des A., dem B. das Eigenthum zu übertragen, eine rechtliche Folge oder nicht? Hierauf antworten die Motive (S. 334): Es geht nicht. Das Traditionsprincip macht den Eigenthumsübergang unmöglich.

Die ganze künstliche und innerlich ungerechte Aufstellung des Entwurfs beruht darauf, daß man keine befriedigende Construction für das Verhältnis zu finden wußte. Wenn Jemand das Eigenthum (und implicite den Besitz) abzutreten erklärt an einer Sache, die ein Dritter inne hat, so kann er natürlich nichts anderes abtreten, als das, was er selbst von Rechten an der Sache hat. Das sind die eventuell ihm zustehenden Klagen aus dem Eigenthum und aus dem Besitz. Auf Abtretung dieser Klagen ist daher ein solcher Vertrag seinem Sinne nach gerichtet. Diese Klagen bilden auch einen vollkommenen Ersatz für das Recht selbst, bis auf einen Punkt: der Erwerber muß als Cessionar sich die Einreden gefallen lassen, welche dem bisherigen Eigenthümer entgegenstanden. Er muß also die Rechte des Inhabers respectiren (z. B. dem Miether den Vertrag aushalten). Geschieht dies, dann hat der Inhaber nicht das geringste Interesse, den Erwerber nicht als Eigenthümer und Besitzer anzuerkennen; und er kann dies so wenig verweigern, wie der Schuldner es verweigern kann, den Cessionar als Gläubiger anzuerkennen. Das Gesetz darf ihm unbedenklich die Anerkennung octroyiren. Damit ist die Sache in der einfachsten Weise geordnet.

Den Motiven ist der Gedanke, daß der Eigenthumsanspruch abgetreten werden könne, nicht fremd. Sie handeln davon S. 399 f.

Aber sie wissen nichts mit diesem Gedanken anzufangen. Wahrscheinlich denkt man sich die Sache so, daß eine solche Abtretung nicht anders erfolgen könne, als durch die Erklärung: „Es wird hiermit der Eigenthumsanspruch abgetreten". Die dort vorgetragene Theorie reicht nicht bis an die praktischen Erscheinungen des Lebens heran. Ich will nur (abweichend von einer dort vorkommenden Bemerkung) hier noch aussprechen, daß meiner Ansicht nach der abgetretene Anspruch sich unter Umständen auch gegen den bisherigen Eigenthümer richten kann. Denken wir uns, A. hat eine Sache verloren. Er erklärt seinem Freunde B.: „Ich schenke dir hiermit die Sache, für den Fall, daß sie sich wieder finden sollte." Damit ist der Eigenthumsanspruch an B. abgetreten. Und darauf hin kann B. die Sache Jedem, bei dem sie sich findet, abfordern; nöthigenfalls auch dem A., wenn sie wieder in dessen Besitz gelangen sollte.

Der hier vertretene Gedanke würde in einer Bestimmung folgenden Inhalts seinen praktischen Ausdruck finden:

> Das Eigenthum einer in der Inhabung eines Andern befindlichen Sache kann durch Vertrag von dem Eigenthümer auf einen Dritten übertragen werden, jedoch nur mit der Wirkung, daß der Dritte die durch die Inhabung bethätigten Rechte des Inhabers gegen sich gelten lassen muß. Der Inhaber hat den Dritten als Eigenthümer anzuerkennen, sobald er von der Uebertragung glaubhaft benachrichtigt worden ist.

Von dem Besitze brauchte man nichts Besonderes zu sagen.

Ich kann nicht umhin, hier zum Schlusse noch auf die Abs. 2 und 3 des § 874 hinzuweisen. Schwerlich wird Jemand dieselben verstehen, wenn er nicht die Motive zu Hilfe nimmt.

Der Abs. 2 hat folgenden Fall vor Augen. Gesetzt, ein Miether verkauft und übergibt die gemiethete Sache an einen Dritten. Nachher findet sich, daß der Miether wirklicher Eigenthümer gewesen ist. Dann soll — sagt der Entwurf — der Käufer Eigenthümer geworden sein, obwohl der Miether nur die „Inhabung", nicht den „Besitz" habe übertragen können.

Der Abs. 3 bezieht sich nicht etwa auf den Fall, daß ein Miether die Sache dem Eigenthümer abkauft und dann ohne Weiteres Eigenthümer wird. (Vom Miether kann man ja nicht sagen, daß er „sich im Besitze befindet".) Vielmehr ist folgender Fall gedacht. A. besitzt eine Sache als Eigenthum, die aber dem B. gehört. Nun meldet sich B. Beide einigen sich jedoch, daß A. die Sache als Eigenthum behalten soll. Dann soll er Eigenthümer werden, „ohne daß eine Uebergabe der Sache erforderlich ist".

Läßt sich wohl das theoretische Spiel, daß mit dem Gegensatz von „Besitz" und „Inhabung" getrieben wird, stärker charakterisiren, als dadurch, daß der Entwurf für solche Dinge, die kein Verständiger bezweifeln kann, selbständige Sätze aufzustellen für nöthig findet?

Zu § 826.

Von der Bedeutung, welche der Entwurf nach der Ausführung der Motive S. 137—140 dem Eintrag[1]) beilegen will, glaube ich in den sachlichen Zielen nicht abzuweichen. Aber der Entwurf scheint mir in diesen Zielen nicht völlig klar zu sein. Die Motive stellen den Gegensatz in Frage: soll der Eintrag formale Rechtskraft begründen oder nicht? Sie entscheiden sich für das letztere, weil dadurch allein dem materiellen Rechte genügt werde. Gewiß! Formale Rechtskraft, d. h. die Wirksamkeit eines das Recht unbedingt feststellenden Urtheils soll der Eintrag nicht haben. Es würde das weit über den Zweck desselben hinausgehen. Welche Bedeutung bleibt denn nun aber für den Eintrag? Darüber sprechen sich die Motive nicht klar aus. Ich sage: der Eintrag

---

[1]) Der Entwurf braucht durchweg das Wort „Eintragung". Ich glaube, es wäre natürlicher, das Wort Eintragung auf die Handlung des Eintragens zu beschränken, dagegen das Eingetragene selbst als „Eintrag" zu bezeichnen; nach Analogie von Antrag, Auftrag, Abtrag, Ertrag, Vertrag, Anschlag, Aufschlag, Abschlag, Umschlag u. s. w. Man könnte dann auch das entsetzliche Wort „Eintragungsbewilligung" wenigstens um eine Silbe kürzen.

begründet ein neben dem materiellen Rechte hergehendes formales Recht. Dieser Begriff ist keineswegs identisch mit formaler Rechtskraft. Das formale Recht bleibt innerhalb gewisser Schranken vom Standpunkt des materiellen Rechts anfechtbar, wie uns die Lehre von der Stipulation, vom Wechsel rc. vor Augen führt. Das formale Recht knüpft sich für das Eigenthum nicht etwa bloß an den Eintrag, der auf Grund der Auflassung erfolgt, sondern an den Eintrag auf Grund jedes materiellen Erwerbs. Zu der Auflassung steht der Eintrag in keinem anderen Verhältnis, wie zu dem Erwerb durch Beerbung, wenn er auch an die Auflassung in der Regel sich zeitlich näher anschließt. Die Bedeutung des durch den Eintrag gegebenen formalen Rechtes läßt sich im Allgemeinen dahin bezeichnen: der Eintrag repräsentirt das Eigenthum nach außen hin. Soweit aber nicht diese im Interesse des gutgläubigen Verkehrs gebotene Wirksamkeit eintritt, unterliegt der Eintrag vom Standpunkt des materiellen Rechts der Anfechtung; gerade so, wie der Wechsel innerhalb gewisser Schranken anfechtbar ist vom Standpunkt der ihm zu Grunde liegenden materiellen Verbindlichkeit.

Ich möchte glauben, daß diese Auffassung von den eigentlichen Zielen des Entwurfs nicht abweicht. Aber man müßte sich auch entschließen, in der Gestaltung des Rechts des Eintrags diesen Gedanken zum klaren Ausdruck zu bringen.

Der § 826 ist kein richtiger Ausdruck des Gedankens. Der Eintrag begründet im Umfange seiner Wirksamkeit mehr als eine Vermuthung für den Bestand des Rechtes. Man kann ihm nicht allgemein mit dem Beweis, daß das materielle Recht nicht bestehe, begegnen. Er ist nur innerhalb gewisser Schranken anfechtbar mittels dieses Beweises. Soweit er das nicht ist, begründet er nicht eine Vermuthung, sondern eine Fiction.

Ich will hier gleich bemerken, daß bei Hypotheken und Grundschulden der Eintrag eine wesentlich andere Bedeutung hat. Ich werde darauf unten zurückkommen.

Zu § 828.

Bezugnehmend auf die vorstehende Ausführung sage ich, einigermaßen abweichend von dem Abs. 1 dieses Paragraphen: das Eigenthum und die anderen Rechte an Grundeigenthum werden übertragen durch den zwischen dem eingetragenen Berechtigten und dem Erwerber vor Gericht abgeschlossenen Vertrag. Der Eintrag, welcher sich an diesen Vertrag knüpft, fügt dem bereits erworbenen materiellen Rechte nur noch ein formales Recht hinzu, welches dem materiellen Recht seine Wirksamkeit gegen Dritte sichert. Nicht der Staat gewährt das Eigenthum durch seinen Eintrag, sondern die Parteien gewähren es sich unter einander durch ihren Willen. Unterbliebe nach vollzogener Auflassung aus irgend einem Grunde die Eintragung, und gelänge es dem Veräußerer, auf Grund seines fortdauernden Eintrags das Grundstück auf einen gutgläubigen Dritten zu übertragen, so würde dieser allerdings, trotz der vorhergehenden Auflassung, Eigenthümer werden. Aber es würde genügen, wenn dieser Dritte von der vorhergehenden Auflassung Kenntniß gehabt hätte, um nach § 837 Abs. 2 seinen gutgläubigen Erwerb auszuschließen. Ich lege namentlich auch deshalb auf diese Ansicht Gewicht, weil die Contrahenten den Abschluß des gerichtlichen Vertrags in ihrer Hand haben, die Eintragung aber nicht.

In gewisser Beziehung stellt sich auch der Entwurf auf diesen Boden, indem er in Abs. 3 ausspricht, daß der Vertrag mit Abschluß vor dem Grundbuchamte bindend werde. Was für ein Vertrag wird denn nun bindend? Doch gewiß der dingliche Vertrag, der das Recht überträgt. Ist dieser aber bindend, so muß er doch auch wirksam sein, d. h. den materiellen Rechtsübergang vollenden.

Die Abs. 3 und 4 des Paragraphen werden dadurch schwer verständlich, daß sie die verschiedenen Arten Rechtserwerb unter scheinbar einheitlichen Vorschriften zusammenfassen, so daß man für den praktischen Gebrauch die Bestimmungen erst auseinander rechnen muß. Wir erfahren aus § 868, daß der Vertrag, welcher Eigenthum überträgt

— die Auflassung —, nur unter persönlichem Vortreten der Contrahenten vollzogen werden soll; was auch durch praktische Gründe sich dringend empfiehlt. Darnach beschränkt sich der Fall, wo durch „Einreichung" beim Grundbuchamt der Vertrag bindend werden kann, auf die Bestellung anderer dinglicher Rechte. Nur auf diesen Fall kann auch der (unklare) Abs. 4 bezogen werden. Zweifelhaft aber bleibt es, was der letzte Satz des Abs. 3 eigentlich bedeuten soll, und auch die Motive (S. 176) heben diese Unklarheit nicht. Soll er auf die Fälle sich beziehen, wo durch „Einreichung" der Vertrag geschlossen werden kann? Dann ist gar nicht abzusehen, weshalb die Einreichung, wenn sie durch einen der Vertragschließenden persönlich geschieht, nicht schon die Wirkung, den Vertrag bindend zu machen, haben soll, warum vielmehr der Eintrag noch hinzukommen müsse. Soll aber jener Schlußsatz auch auf die Fälle, wo Auflassung geboten ist, bezogen werden, so halte ich ihn für falsch. Der Mangel der Auflassung kann nicht dadurch ersetzt werden, daß eine Partei einseitig vor Gericht tritt und der Richter dadurch (übler Weise) sich zur Bewirkung des Eintrags bestimmen läßt. Jedenfalls bedürfte der Schlußsatz dringend der Aufklärung.

Es ist zu diesem Paragraphen noch ein wichtiger Punkt zu besprechen. Ausweislich der Motive (S. 164 ff.) will der Entwurf auch die Grunddienstbarkeiten dem Eintragungsprincip unterwerfen. Dagegen ist insoweit nichts zu erinnern, als man für die vertragsmäßige Bestellung solcher Dienstbarkeit den gerichtlichen Vertrag fordern und dann auch die Eintragung an diesen knüpfen kann. Der Entwurf will aber weiter gehen. Er will auch alle bestehenden Grunddienstbarkeiten gewissermaßen einfangen und in das Grundbuch überführen. Zu dem Ende soll ein Aufgebot zur Anmeldung aller Dienstbarkeiten beim Rechtsnachtheil des Erlöschens ergehen. Ich würde eine solche Maßregel in den mir näher bekannten Theilen Deutschlands für geradezu verhängnisvoll halten. In unglaublicher Menge bestehen solche Dienstbarkeiten in Stadt und Land. Auf dem Lande (soweit die Verkoppelung noch nicht durchgeführt ist) sind es namentlich die Ueberfahrtsgerechtigkeiten, welche tausendfach geübt werden und zur Bestellung der Feldmark ganz unentbehrlich sind. In der Stadt sind es die aus dem engen Ineinanderbauen der Häuser hervorgehenden Licht- und Wasserablaufsgerechtigkeiten. Die große Mehrzahl dieser Verhältnisse besteht in vollem Frieden seit undenklicher Zeit, und würde auch, unangeregt, so fortbestehen. Regt man sie aber an, verlangt von dem Einen Anmeldung, von dem Andern Anerkennung der Dienstbarkeit, so werden einestheils Unzählige mit der Anmeldung zurückbleiben und dadurch in großen Schaden gerathen, anderntheils Unzählige, wenn sie die angemeldete Dienstbarkeit anerkennen und einen Eintrag auf ihrem Eigenthum sich gefallen lassen sollen, dieselbe bestreiten, woraus dann unzählige unnütze Processe hervorgehen würden. Die Gesetzgebung würde eine schwere Verantwortung auf sich laden, wenn sie in dieser Weise friedliche Verhältnisse aufrühren wollte.

Ich bin hiernach auch der Ansicht, daß innerhalb gewisser Grenzen die Verjährung als Erwerbsgrund von Grunddienstbarkeiten anerkannt werden muß. Schließt man jede Verjährung aus, so sind auch die bereits bestehenden, durch Verjährung erworbenen Dienstbarkeiten dem Tode geweiht. Denn nach einiger Zeit werden für eine bis zum Erlaß des neuen Gesetzes vollendete Verjährung die Beweismittel fehlen. Welch ein Eingriff damit in bestehende Rechtsverhältnisse geübt werden würde, ist gar nicht zu sagen. Es lassen sich die menschlichen Verhältnisse nun einmal nicht durchweg nach abstracten Principien ordnen, und es wäre zu wünschen, daß auch die Gesetzgebung dem Rechnung trüge.

Zu § 837.

Inwieweit Abs. 1 für das Recht der Hypothek und Grundschuld zutrifft, kann nur bei Besprechung dieser Institute gebührend erörtert werden. Nur vorläufig sei hier bemerkt, daß jedenfalls da, wo ein Hypotheken- oder Grundschuldbrief ausgegeben wird, dieser und nicht der Eintrag das Recht der dinglichen Obligation repräsentirt.

Abweichend von dem Standpunkt der meisten Landgesetze — das erkennen die Motive (S. 211) selbst an — lehnt der Entwurf es ab, den unentgeltlichen Erwerb von dem Schutz des bona fide Erwerbes auszunehmen. Ich halte das für einen entschiedenen Fehler. Schon das römische Recht in seinem gesunden Sinne erkannte, daß der unentgeltliche Erwerb der Anfechtung Dritter gegenüber nicht gleichen Anspruch auf Schutz habe, wie der entgeltliche. Aliud enim est emere, aliud ex causa lucrativa succedere[1]). Neuerdings hat auch wieder das Reichsgesetz vom 21. Juli 1878 § 3 von diesem Grundsatz Gebrauch gemacht. Man muß sich nur bewußt bleiben, daß der an den Eintrag geknüpfte Schutz des gutgläubigen Erwerbs auf der anderen Seite ein tiefer Eingriff in materielle Rechte ist. Dann gelangt man naturgemäß dahin, diesen Schutz nicht weiter auszudehnen, als ein überwiegendes Bedürfnis dafür vorhanden ist. Ein solches besteht aber nicht in dem Maße, daß auch derjenige dem materiell Berechtigten gegenüber geschützt werden müßte, der einen gemachten Gewinn vertheidigt. Dazu kommt noch, daß, wenn man auch den unentgeltlichen Erwerb schützt, damit das leichteste Mittel gegeben ist, den materiell Berechtigten um sein ganzes Recht zu bringen. Hat der unrechtmäßig Eingetragene das Grundstück verkauft, so ist er doch nach § 839 wenigstens verpflichtet, die Bereicherung, d. h. den Kaufpreis, herauszugeben. Hat er aber das Grundstück verschenkt, so ist seine Bereicherung gleich Null, d. h. er gibt nichts heraus. Ist nun auch der Beschenkte keiner Anfechtbarkeit unterworfen, so ist der materiell Berechtigte um sein ganzes Recht gebracht. Wer also einen unrichtigen Eintrag für sich erlangt hat, der kann nichts Besseres thun, als das Grundstück einem nahen Angehörigen, z. B. seinem Ehegatten (an welchen ja Schenkungen nach dem Entwurf erlaubt sein sollen) oder einem seiner Kinder zu schenken. Dann hat er die Beute in Sicherheit, da dem Beschenkten bösen Glauben nachzuweisen meist sehr schwer fallen wird.

[1]) L. 4 § 29 D. de doli exc. 44, 4. Vgl. auch l. 6 § 11 D. quae in fraud. cred. 42, 8.

Einen solchen Scherz kann der unrechtmäßig Eingetragene, selbst nachdem bereits eine Anfechtungsklage wider ihn erhoben worden, mit Hülfe des § 238 der CPO. sich erlauben. Auch wenn er verkaufen wollte, brauchte er nur, um sich der Bereicherungsklage zu entziehen, an eine Mittelsperson zu schenken, die dann weiter an den Dritten verkaufte.

Die Anfechtbarkeit des Erwerbs in der Hand dessen, der unentgeltlich erworben hat, bildet einen unentbehrlichen Bestandtheil des Systems, ohne welchen dasselbe nicht mehr auf Gerechtigkeit Anspruch machen kann.

Als einen Hauptgrund für die Aufstellung des Entwurfs machen die Motive geltend, daß häufig Rechtsgeschäfte vorkommen, die zwischen entgeltlichem und unentgeltlichem Erwerb schwanken, und daß deshalb die Anfechtbarkeit unentgeltlichen Erwerbes praktische Schwierigkeiten bereiten würde. Das Thatsächliche dieses Einwandes ist nicht zu bestreiten. Indessen ist der Grundsatz zu wichtig, als daß man ihn aus diesem Grunde aufgeben könnte. Eine verständige Praxis wird den Satz, daß der unentgeltliche Erwerb nicht geschützt sei, dahin ausbilden, daß auch solche Erwerbe darunter fallen, welche durch Geringfügigkeit der Gegenleistung ihrem Wesen nach als auf Liberalität beruhend sich darstellen. Im Zweifel muß eher das materielle Recht zur Geltung kommen, als daß das formale Princip eine übertriebene Herrschaft gewinnt.

§ 839

bestimmt mit Recht, daß für den durch einen unrichtigen Eintrag materiell Geschädigten an die Stelle der durch die Vorschrift des § 837 verloren gegangenen Eigenthumsklage eine Klage gegen den widerrechtlich Eingetragenen auf Herausgabe der Bereicherung tritt. Daß diese Bestimmung der nothwendigen Ergänzung dahin bedarf, daß, wo keine Bereicherung eingetreten ist, der Erwerb in der Hand des Dritten anfechtbar sein muß, ist soeben bemerkt worden. Die Bestimmung bedarf aber auch noch einer anderen Ergänzung.

Die Klage auf Herausgabe der Bereicherung ist begründet, mag der Veräußerer in bösem oder gutem Glauben gehandelt haben. Ist er aber in bösem Glauben gewesen, so muß er für mehr als die bloße Bereicherung, er muß für den vollen Werth haften. Das verlangt die Gerechtigkeit.

Vielleicht haben dies auch die Motive im Sinne, wenn sie (S. 224, 1a) sagen: die Verpflichtung zum Schadensersatze aus unerlaubten Handlungen bleibe neben der Bereicherungsklage vorbehalten. So wenig aber die Bereicherungsklage sich von selbst versteht, ebensowenig kann man mit Sicherheit darauf rechnen, daß, wenn der § 839 vollständig davon schweigt, man die strengere Haftbarkeit des bösgläubigen Veräußerers aus allgemeinen Grundsätzen folgern würde. Es bedarf des positiven Ausspruchs.

Auch ein Satz in dem Sinne dürfte aufzunehmen sein, daß der nach § 839 Belangte nicht den Einwand erheben kann, daß der Erwerb des Dritten nach § 837 Abs. 2 anfechtbar sei. Sonst würde der Kläger leicht zwischen zwei Stühle zu sitzen kommen.

Zu § 843.

Meines Erachtens müßte dieser Paragraph durch eine Bestimmung dahin ergänzt werden, daß die Klage auf Berichtigung des Eigenthumseintrags so lange nicht der Verjährung unterliege, als der Berichtigungsansprecher (der materielle Eigenthümer) im Besitz des Grundstückes sich befindet. Es kann leicht vorkommen, daß ein Grundstück durch Verwechselung auf einen falschen Namen eingetragen wird. Der wirkliche Eigenthümer, der auch im Besitze ist, hat dann vielleicht keine Ahnung davon; und da durch den Besitz sein materielles Interesse an dem Grundstück voll befriedigt ist, so läßt er den falschen Eintrag ruhig bestehen. Vielleicht hat auch derjenige, auf dessen Namen das Grundstück falsch eingetragen ist, keine Ahnung davon. Wenn nun ein solches Verhältnis nach langen Jahren zur Entdeckung gelangt und der wahre Eigenthümer den Anspruch auf Berichtigung erhebt, ist es da wohl eine Gerechtigkeit, wenn der fälschlich Eingetragene sagen kann:

„Dein Anspruch ist verjährt, und nun gehört das Grundstück mir!“ —?

Ich würde auf diesen Punkt gar nicht gekommen sein, wenn nicht die Motive (S. 310, 3a) dieses Falles erwähnten. Eine Hülfe für denselben weisen sie aber ab. Die weitere dortige Ausführung habe ich trotz aller Mühe mir nicht verständlich machen können. Ich glaube jedoch darin nicht zu irren, daß in Fällen der gedachten Art durch Ausschließung des Berichtigungsanspruchs ein entschiedenes Unrecht geschähe.

Zu § 845 Abs. 2.

Nicht allein von Anforderung einer Glaubhaftmachung der Gefährdung, sondern auch einer Glaubhaftmachung des Anspruchs selbst als Bedingung einer einzutragenden Vormerkung müßte abgestanden werden, sobald eine Anfechtungsklage wider den unrechtmäßig Eingetragenen erhoben wird. Gemeinrechtlich wird durch Erhebung der Eigenthumsklage die Sache zur res litigiosa, deren Veräußerung gehindert ist; und auch die CPO. (§ 236) hat diesen Gedanken grundsätzlich sich angeeignet. Sie durchbricht ihn nur wieder (§ 238) im Interesse des gesetzlich geschützten bona fide Erwerbs. Diese Berücksichtigung des an den Eintrag sich knüpfenden formellen Rechts gibt aber keinen Grund ab, auch materiell die Rechtsverfolgung an Grundstücken schlechter zu stellen als an anderen Sachen. Die Anfechtungsklage wegen unrechtmäßigen Eintrags ist nichts anderes, als die Klage aus dem materiellen Eigenthume. Auch bei dieser Anfechtungsklage muß die Sache zu einer res litigiosa im Sinne der CPO. gemacht werden können, soweit dies innerhalb der Formen des Grundbuchverkehrs geschehen kann. Es geschieht aber durch Eintragung einer Vormerkung. Bei den übrigen Sachen tritt die Litigiosität in Folge des Processes ohne Weiteres ein. Dieselbe Wirkung muß dem Proceß in Beziehung auf ein Grundstück beigelegt werden dadurch, daß er ohne Weiteres zu einer Vormerkung berechtigt.

Zu § 849.

Der Entwurf lehnt es ab (Motive S. 264), das Recht des Eigenthümers an Luftraum und unterirdischem Raum durch dessen Interesse zu begrenzen. Die Folge wird sein, daß ein in tiefster Tiefe unter Grundstücken gelegter Tunnel und eine in höchster Höhe über Grundstücke geführte Telegraphenleitung nicht ohne Enteignung hergerichtet werden könnte. Ist das Absicht?

Zu § 857.

Die äußerst wohlthätigen Bestimmungen der §§ 857—860 werden dadurch wieder gefährdet, daß der Entwurf deren Anwendung schon dann ausschließen will, wenn „Fahrlässigkeit" des Bauenden vorliegt. Ich möchte dafür reden, daß dies auf „grobe Fahrlässigkeit" beschränkt würde. Man muß bedenken, daß dem stillsitzenden Nachbar in der Regel auch Fahrlässigkeit zur Last fallen wird.

Zu § 861.

Der erste Satz des Paragraphen wird viele Processe zur Folge haben, denen lediglich Gehässigkeit zu Grunde liegt.

Zu Titel II (§ 868 f.)

Die Motive (S. 308 f.) lehnen es ab, die Ersitzung als Eigenthumserwerb in das System aufzunehmen. Ueber die Ausführung unter 3 a S. 310 habe ich mich schon oben (bei § 843) geäußert. Unter 4 (S. 312) stellen sie den Satz auf: „Nicht gebuchte Grundstücke bleiben außer Betracht. Das bürgerliche Gesetzbuch kann nur mit gebuchten Grundstücken rechnen." Das wäre recht schön, wenn man nur sicher wäre, daß es im wirklichen Leben nur gebuchte Grundstücke gäbe und daß auch diese gebuchten Grundstücke sich stets in der Natur genau wieder finden ließen. Ich weiß nicht, ob dies in Wirklichkeit zutreffen wird.

Es wird, so lange Menschen die Grundbücher führen, immer wieder vorkommen, daß in der Natur vorhandene Grundstücke im

Grundbuche nicht eingetragen sind oder daß die im Grundbuche eingetragenen Grundstücke in der Natur nicht mit Sicherheit aufzufinden sind. Die Bezeichnung der Grundstücke im Grundbuch kann nur auf Grund von Karten erfolgen. Ob diese Karten überall so genau sind, daß sie stets das bezeichnete Grundstück und zwar innerhalb genau bestimmter Grenzen wieder erkennen lassen, und daß sie auch die in der Natur vorhandenen Grundstücke erschöpfen, das möchte ich bezweifeln. Wo aber das Grundbuch (in Verbindung mit der Karte) als Grundlage des Eigenthums versagt, da bleibt als Grundlage nur der Besitz und die Ersitzung übrig. Ich glaube, daß der Entwurf wohlthäte, statt sich einer idealen Anschauung hinzugeben, mit dieser Möglichkeit zu rechnen und für diesen Fall auch der Ersitzung eine Stelle im System einzuräumen.

§ 873

gewährt dem Besitzer eines Grundstückes, das auf den Namen eines Verstorbenen eingetragen ist, das Recht, unter gewissen Voraussetzungen das Eigenthum zu erlangen und den Eintrag zu erwirken. Als die regelmäßige Erscheinung, welche hiezu Veranlassung giebt, führen die Motive den Fall an, daß der Besitzer außergerichtlich das Grundstück von dem Eigenthümer erworben und übertragen erhalten hat. Meist ist dann auch der Preis dafür gezahlt, so daß materiell die Angelegenheit zwischen Betheiligten völlig bereinigt ist. Es ist unzweifelhaft in Fällen dieser Art ein Bedürfniß vorhanden, die Eigenthumsfrage zu ordnen.

Der Entwurf will zu diesem Zweck ein Aufgebotsverfahren eintreten lassen, welches natürlich gegen die Erben des Eingetragenen sich richtet. Nun meine ich, die erste Bedingung für ein solches Aufgebot müßte doch die sein, daß die Erben ihrer Person oder ihrem Aufenthaltsorte nach unbekannt seien. Sind sie bekannt, so hat der Besitzer gegen sie persönlich seinen Anspruch zu richten.

Nur wenn nachgewiesen wird, daß die Erben unbekannt sind, ist ein Aufgebotsverfahren gerechtfertigt. Dann, meine ich aber, wäre die Anforderung eines 30jährigen Besitzes seit dem Tode des Eingetragenen als Bedingung für den Eigenthumserwerb zu weit gegriffen. Ich würde die Nachweisung eines 10jährigen Besitzes für ausreichend halten. Wenn Erben 10 Jahre lang nach dem Tode des Erblassers sich um ein auf dessen Namen eingetragenes Grundstück nicht kümmern und es in fremdem Besitz lassen, wenn sie dann noch durch ein Aufgebot aufgefordert werden, ihre Rechte geltend zu machen, sich aber nicht melden, dann scheint es mir nicht bedenklich, den Besitzer als Eigenthümer gelten zu lassen.

Zu § 885.

Meiner Ansicht nach sollte man in Abs. 3 dem französischen Recht auch darin folgen, daß man die thatsächliche Unterbrechung des Besitzes nicht von der Verjährungszeit ausschlösse. Eine solche zufällige Unterbrechung gibt keinen Grund ab, dem Besitzer die Vortheile des Besitzes zu entziehen. Zumal, wenn man mit § 813 Abs. 2 annimmt, daß schon durch die Erklärung des Inhabers, nicht mehr für den von ihm bisher als Eigenthumsbesitzer Anerkannten besitzen zu wollen, der Besitz für diesen verloren geht.

Noch entschiedener aber bin ich der Ansicht, daß auch der Fall einer Unterbrechung des Besitzes durch Eingriff eines Dritten in eine ruhende Erbschaft (Abs. 1) von den Fällen des Abs. 3 nicht getrennt werden sollte. Offenbar hängt die abweichende Behandlung dieses Falles mit dem in § 2052 aufgestellten Satze zusammen: „Der Besitz und die Inhabung der zur Erbschaft gehörenden Sachen gehen nicht Kraft des Gesetzes auf den Erben über.“ Das ist nichts anderes als ein leidiger Romanismus, der für unsern heutigen Begriff des Besitzes nicht mehr paßt. Nun könnte man sich ja darüber trösten, da der Entwurf nicht allein (wie schon das römische Recht) die Zeit der ruhenden Erbschaft dem Erben in die Verjährung einrechnen, sondern ihm auch nach § 2054 wegen Eingriffen in die ruhende Erbschaft die Besitzklagen geben will, so, als ob er wirklich besessen hätte. Danach stünde der Satz des § 2052 völlig in der Luft. Hier aber in § 885 wird ihm nun doch die Folge gegeben, daß, wenn ein Dritter in eine Erbschaft eingegriffen, der Erbe die Verjährung von vorne anfangen soll. Ist denn der Eingriff in eine fremde Erbschaft besser, als der Eingriff in ein fremdes Vermögen? [1])

Zu § 897.

Wer durch Verbindung oder Verarbeitung eine fremde Sache sich aneignet, hat, ohne Unterschied ob er in gutem oder bösem Glauben handelt, dem Eigenthümer deren Werth zu ersetzen. Die Analogie der §§ 839 und 880 paßt nicht.

Zu § 905 Abs. 2.

Werden auch solche wilde Thiere, die bei uns in natürlicher Freiheit gar nicht vorkommen — entflogene Papageien, entlaufene Thiere aus einer Menagerie — herrenlos?

Zu § 929.

„Der Eigenthümer“ sagt der Paragraph, hat den Anspruch auf Herausgabe der Sache. Aber wer ist denn bei Grundstücken der Eigenthümer? Ist es der Eingetragene? Nach § 826 soll der als Eigenthümer Eingetragene allerdings die Vermuthung für sich haben, Eigenthümer zu sein. Aber diese Vermuthung würde ihm keinen unbedingten Anspruch geben. Gesetzt, es klagt derjenige, der auf Grund angeblicher Beerbung den Eintrag erlangt hat, gegen den Besitzer auf Herausgabe. Kann dieser nun einwenden, daß der Eingetragene gar nicht wirklicher Erbe und folgeweise

---

[1]) Einen Beleg der ungesunden Jurisprudenz, welche sich an den Satz knüpft, daß der Besitz auf den Erben nicht übergehe, bildet die Entscheidung eines Straffenats des Reichsgerichts, Entsch. Bd. 10 Nr. 79. Darnach soll derjenige, welcher aus einer ruhenden Erbschaft gestohlen hat, nicht wegen Diebstahls, sondern — wegen Unterschlagung gestraft werden!

auch nicht Eigenthümer sei? Oder kann Jemand gegen den als Erben Eingetragenen auf Herausgabe der Sache klagen, indem er behauptet, daß er selbst der wirkliche Erbe, folglich „Eigenthümer" sei? Nach dem Entwurf würden diese Fragen zu bejahen sein. Der Gegner des Eingetragenen brauchte die an den Eintrag sich knüpfende Vermuthung nur durch Gegenbeweis zu widerlegen, um den Eintrag in seiner Wirksamkeit zu beseitigen. Ich halte das aber nicht für richtig. Der Eintrag muß unbedingt zur Eigenthumsklage berechtigen. Der § 7 des preußischen Gesetzes vom 5. Mai 1872 spricht das richtige Princip aus. Der wirkliche Erbe kann gegen den als Erbe Eingetragenen die Eigenthumsklage auf Herausgabe nur in Verbindung mit einer Anfechtungsklage wider den Eintrag anstellen. Es ergiebt sich hieraus die Richtigkeit meiner oben zu § 826 gemachten Bemerkung.

Eine weitere Frage ist folgende. Die Eigenthumsklage auf Herausgabe soll gegen den Besitzer und auch gegen den Inhaber stattfinden. Nach den Motiven (S. 398) soll der Besitzer auch dann belangt werden können, wenn er nicht Inhaber ist. „Nur wird die Art der Erfüllung der Restitutionspflicht eine verschiedene sein, je nachdem der Beklagte die Sache inne hat oder demselben nur Restitutionsansprüche gegen den für ihn detinirenden Inhaber zustehen." Es wäre aber doch interessant, zu erfahren, wie ein gegen den nicht innehabenden Besitzer ergangenes Urtheil auf Herausgabe exequirt werden soll. Soll der (zu eigenem Rechte) „detinirende Inhaber" sich die Execution gefallen lassen?

Zu § 931 f.

Nach den Ausführungen der Motive I S. 357 wird man anzunehmen haben, daß der Entwurf auch hier den Anspruch auf Ersatz der Früchte als einen neben der Eigenthumsklage selbständig verfolgbaren gewähren will. Ich halte das in den hier fraglichen Verhältnissen für besonders nachtheilig.

Die Bestimmungen in § 931 und in § 932 Abs. 1 würden dem Wortlaut nach dahin führen, daß, wenn die Eigenthumsbesitzer und der Pächter beide in bösem Glauben gewesen, von dem ersteren die bezogenen Pachtgelder (vgl. § 792 N. 3) und zugleich von dem zweiten die bezogenen natürlichen Früchte gefordert werden könnten. Es ist das gewiß nicht Absicht des Entwurfs.

Der zur Herausgabe von Nutzungen Verurtheilte hat die Verpflichtung, über die gezogenen Nutzungen dem Kläger Rechenschaft abzulegen. Da der Entwurf allgemeine Bestimmungen über die Verpflichtung zur Rechnungsablage nicht enthält, so bedürfte dies eines Ausspruchs.

Einer der häufigsten Fälle, in welchem der Eigenthümer ein Grundstück dem besitzenden Nichteigenthümer abfordert, wird in der Praxis der sein, daß ein Grundstück kaufweise ohne Auflassung auf den Besitzer übertragen ist, wo dann in der Regel auch der Kaufpreis bezahlt sein wird. Wird nun — vielleicht nach Jahren — das Grundstück von dem Eigenthümer zurückgefordert, so ist die Konsequenz nicht abzulehnen, daß der Besitzer es mit allen gezogenen Früchten herausgeben muß. Dann muß aber auch die Verpflichtung des Veräußerers anerkannt werden, den Kaufpreis und zwar mit Zinsen, zu erstatten. Diese Zinsen würden der gerechte Ersatz sein für die Erstattung der Früchte. Es wäre zu wünschen, daß dies durch das Gesetz klar gestellt würde. Gerade für Fälle dieser Art würde es aber äußerst wohlthätig sein, wenn dem von beiden Seiten vollzogenen Vertrage wenigstens eine obligatorische Wirksamkeit beigelegt würde (s. oben meine Bem. zu § 351). Dann würde in einem solchen Falle der Verklagte widerklagend die Auflassung fordern können.

Zu § 936.

Wie soll sich die Sache gestalten, wenn dem Besitzer ein Eigenthümer gegenüber steht, der durch die Verwendung gar nicht berührt ist? Denken wir, A. ist Eigenthümer, N. Besitzer eines Grundstücks. N. hat auf demselben ein Haus erbaut. Nun verkauft A. das Grundstück an B. und überträgt ihm mittels Auflassung das Eigenthum. Dann hat B. das Haus miterkauft und muthmaßlich uach mitbezahlt, ist also durch die Verwendung des A. nicht bereichert. Gegen B. kann also N. keine Forderung erheben und auch kein Rückbehaltungsrecht ausüben. Hat er nun eine Forderung gegen A.? Und wie ist dessen Bereicherung festzustellen? Oder geht sein Anspruch wegen Verwendung verloren?

Zu § 941.

Der Eigenthümer hat ohne Zweifel keine Pflicht, die Sache bei dem Besitzer mittels Zahlung der Verwendungen auszulösen. Andrerseits hat doch aber auch der Besitzer ein Interesse daran, die Frage, ob die Sache ausgelöst werden wird, zur endgültigen Erledigung zu bringen. Im Wege des § 278 ist das nicht möglich, da nicht abzusehen ist, mit welchem Rechte der Besitzer eine fremde Sache ohne Weiteres verkaufen könnte. Wohl aber müßte dem Besitzer das Recht eingeräumt werden, vom Eigenthümer innerhalb einer angemessenen Frist die Erklärung zu fordern, ob er sich zur Zahlung der Verwendungen (unbedingt) verbindlich machen, oder ob er gegen Verzicht des Besitzers auf die Verwendungen diesem das Eigenthum überlassen wolle. Wählte er das erstere, dann würde der Besitzer zur Realisirung seines Anspruchs die Sache pfänden und verkaufen lassen können.

§ 942.

Daß der auf Herausgabe der Sache Belangte wegen connexer Gegenansprüche die Herausgabe verweigern könne, ist im Allgemeinen nicht abzulehnen. Als ein solcher connexer Gegenanspruch darf aber bei Grundstücken ein obligatorischer Anspruch auf Ueberlassung des Grundstückes nicht anders geltend gemacht werden, als unter gleichzeitiger Klage auf Auflassung. Der Grundsatz in § 7 Abs. 2 des preußischen Gesetzes vom 5. Mai 1872 ist ganz richtig. Das öffentliche Interesse erfordert, daß, wenn Jemand aus einem solchen Vertrage Rechte geltend machen will, er zugleich das Verhältnis vollständig in Ordnung bringe.

Zu § 977.

Ich würde für richtiger halten, zu sagen: Die Aufhebung der Grunddienstbarkeit durch Rechtsgeschäft erfolgt durch die dem Verpflichteten gegenüber abzugebende Erklärung des Berechtigten, daß er die Grunddienstbarkeit aufgebe. Ist die Dienstbarkeit im Grundbuche eingetragen, so ist die Erklärung als dem Verpflichteten gegenüber abgegeben auch dann anzusehen, wenn sie bei dem Grundbuchamte abgegeben ist. Die Wirksamkeit der Aufhebung gegen Dritte ist in diesem Falle durch die Löschung der Dienstbarkeit im Grundbuche bedingt.

Der Entwurf beruht auch hier wieder auf der mangelnden Unterscheidung zwischen der materiellen Begründung des Rechts durch den Willen der Betheiligten und der formellen durch den Eintrag. Ein Verzicht auf dingliche Rechte an fremder Sache bedarf nicht der Form des gerichtlichen Abschlusses. Es liegt daher kein Grund vor, die einen solchen Verzicht enthaltende Vereinbarung der Betheiligten im Verhältnis zu einander nicht auch ohne Eintrag gelten zu lassen.

Daß man auch Dienstbarkeiten außerhalb des Grundbuchs als bestehend anzuerkennen habe, darüber s. die Bemerkung zu § 828.

Zu § 979.

Gibt man dem Eintrag der Dienstbarkeit die Folge, daß er ohne Weiteres die actio confessoria für den Eingetragenen begründet — und diese Folge muß ihm nach dem formalen Princip gegeben werden — dann ist daneben ein possessorischer Schutz des Eingetragenen unnöthig. Er würde in der großen Mehrzahl der Fälle mit der Klage des definitiven Rechts zusammenfallen und deshalb seine Gewährung nur die Processe verdoppeln. Soweit er aber wirklich etwas vor der Klage des definitiven Rechts voraus hätte, würde die einmalige Ausübung der Dienstbarkeit im letzten Jahre eine zu schwache Grundlage dafür sein.

Auch den Selbstschutz, den man hier dem Berechtigten in Ausübung der Dienstbarkeit gestatten will, halte ich für bedenklich. Daß der Berechtigte, wenn er durch Dritte gehindert würde, sich gegen diese wehren könnte, versteht sich von selbst. Die Frage ist nur die, ob er auch dem Sachbesitzer gegenüber sich durch persönliche Gewalt soll behaupten dürfen. Bejaht man dies, so etablirt man an dem Grundstück zwei auf Selbstschutz angewiesene Besitze, die mit einander in Kampf gerathen dürfen. Die Berechtigung des Rechtsbesitzers zum Kampfe soll an den zufälligen, dem Sachbesitzer vielleicht ganz unbekannten, vielleicht überhaupt schwer beweisbaren Umstand geknüpft sein, daß jener die Dienstbarkeit schon einmal im letzten Jahr ausgeübt hat. Ich meine, man sollte doch nicht auf diese Weise den Faustkampf zwischen concurrirenden Berechtigten provociren und so eine Gefährdung des bürgerlichen Friedens herbeiführen. Das Recht des Sachbesitzers zum Selbstschutz sollte absolut sein.

Zu § 1062 f.

Nach dem Entwurf gibt es vier Arten dinglicher Sicherung für eine Forderung: die Hypothek ohne Hypothekenbrief (Hypothek schlechthin), die Hypothek mit Hypothekenbrief, die Sicherungshypothek und die Grundschuld. Schon das Interesse der Einfachheit des Rechtes legt die Frage nahe, ob denn diese Mannigfaltigkeit der Gebilde wirklich ein Bedürfnis sei? Ich vertrete die Ansicht, daß man neben der Briefhypothek und der Grundschuld nur noch eine einfache Hypothek nach den Grundsätzen der Sicherungshypothek schaffen sollte. Ich halte das vom Entwurf in erster Linie aufgestellte Institut der „Hypothek ohne Hypothekbrief", so wie es durch die §§ 1083 und 1089 charakterisirt wird, für unnatürlich und gefahrbringend. Den theoretischen Ausführungen der Motive gegenüber bin ich genöthigt, auch meine Ansicht etwas ausführlicher darzulegen.

Man sagt: die Hypothek ist ein dingliches Recht. Gewiß! Aber was für ein dingliches Recht ist sie? Sie ist ein dingliches

Forderungsrecht, d. h. eine Forderung gegen den jeweiligen Eigenthümer des Grundstückes auf Befriedigung aus diesem Grundstücke. Darin liegt ihre Dinglichkeit. Sie unterscheidet sich von der persönlichen Forderung nur dadurch, daß bei dieser der Schuldner nicht mit einer bestimmten Sache, sondern mit seinem jeweiligen ganzen Vermögen haftet. Historisch hat sich nun das Verhältnis so entwickelt, daß man die Hypothek (ein erst spät bei den Römern eingedrungenes Rechtsinstitut) stets in Verbindung brachte mit einer persönlichen Forderung. Die Römer empfanden praktisch niemals das Bedürfnis, beide zu trennen und die dingliche Obligation (obligatio rei) für sich allein einzugehen. Beide, persönliche und dingliche Forderung, stehen neben einander nach Art einer Correalforderung. So wie der Correalgläubiger, um sich wegen ein und derselben Forderung zu befriedigen, Klagen gegen mehrere Schuldner hat, so hat der Hypothekgläubiger zur Befriedigung ein und derselben Forderung die zweifache Klage gegen den persönlichen Schuldner und gegen den Eigenthümer der Hypothek. In beiden Klagen lebt das nämliche Forderungsrecht; die materielle Grundlage desselben ist für beide Klagen die nämliche; materielle Erlöschungsgründe tilgen beide. Der Unterschied zwischen beiden liegt nur darin, daß sie für die Verwirklichung des Anspruchs verschiedene Ziele verfolgen.

Aus diesem Verhältnis hat nun die moderne Theorie die Sätze entwickelt: die Hypothek setze nothwendig eine persönliche Forderung voraus. Sie sei ein accessorisches Recht dieser Forderung. Eine völlig vorgefaßte Meinung! Die Hypothek setzt freilich eine „Forderung" voraus. Aber das ist sie selbst, nur keine persönliche, sondern eine dingliche. Die dingliche Forderung tritt allerdings der persönlichen Forderung „accessorisch" hinzu; d. h. sie verbindet sich mit dieser dergestalt, daß die persönliche Forderung in ihr eine zweite Form der Realisirung erhält. Aber diese Verbindung ist nicht etwas innerlich Nothwendiges, sondern nur etwas Aeußerliches, Zufälliges. Wenn Jemand ein Haus kauft, für das Kaufgeld sich persönlich verbindlich macht und zugleich eine Hypothek an dem Hause bestellt, so haftet er persönlich mit seinem ganzen Vermögen, dinglich mit dem Hause. Was aber stünde a priori entgegen, daß er bei dem Kaufe erklärte: „Ich will für das Kaufgeld nur mit dem Hause, nicht mit meinem übrigen Vermögen haften"? Dann hätte der Verkäufer wegen seines Kaufgeldes nur die dingliche Forderung. Thatsächlich creditirt heutzutage die große Mehrzahl der Gläubiger, welche hypothekarisch ausleihen, in erster Linie dem Grundstück und nimmt die persönliche Verpflichtung des Schuldners nur „accessorisch" mit hinzu.

Nun hat man in neuerer Zeit gesagt: es müsse doch auch die Möglichkeit gegeben sein, sich für eine Forderung lediglich dinglich zu verpflichten. Gewiß! nichts steht im Wege, die rein äußerliche Verbindung zwischen persönlicher und dinglicher Forderung, wie sie uns bei der Hypothek entgegentritt, zu lösen und — wenn der Gläubiger sich damit begnügen will — eine rein dingliche Schuld einzugehen. Man hat eine solche mit dem zutreffenden Worte „Grundschuld" bezeichnet. Daß eine solche lediglich dingliche Schuld existiren könne, hätte man schon aus dem römischen Rechte lernen können. Nach einer Anordnung des Kaiser Justinus [1]) soll, während die persönliche Klage innerhalb 30 Jahren verjährt, die hypothekarische Klage 40 Jahre dauern. Während dieser letzten 10 Jahre ist die Hypothek zu einer Grundschuld geworden. Ohne Zweifel kann auch der Hypothekgläubiger auf die persönliche Klage gegen den Schuldner verzichten. Auch dann ist die Hypothek sachlich nichts anderes, als eine Grundschuld. Hat der Schuldner den Gläubiger befriedigt und ist die Hypothek nun als „Eigenthümerhypothek" auf ihn übergegangen (§ 1094), so ist auch diese Hypothek nur eine Grundschuld. Umgekehrt kann derjenige, der eine Grundschuld errichtet, sich daneben persönlich für dieselbe verbindlich machen. Dann steht die Grundschuld sachlich der Hypothek gleich. Hypothek und Grundschuld sind hiernach durchaus nicht

---

[1]) L. 7 C. de praescr. XXX. 7, 39.

ihrem inneren Wesen nach verschieden. Eine Hypothek ist eine Grundschuld mit persönlicher Verbindlichkeit; eine Grundschuld ist eine Hypothek ohne persönliche Verbindlichkeit [1]).

Hypothek und Grundschuld bezwecken an sich nichts anderes, als der Forderung durch die dingliche Radicirung eine größere materielle Sicherheit zu schaffen. Auch wo für eine bereits bestehende Schuld eine Hypothek bestellt wird, liegt in dieser Bestellung kein die Schuld processualisch sichernder Anerkennungsvertrag. Nun kann aber bei der materiellen Sicherstellung der Forderung zugleich das Bedürfnis obwalten, die Forderung auch processualisch zu sichern. Man sichert eine Forderung processualisch dadurch, daß man sie in eine (von ihrer causa losgelöste) Formalobligation verwandelt. Das kann man auch bei der dinglichen Forderung. Wird die Hypothek in Verbindung gesetzt mit einer zur Formalobligation erhobenen persönlichen Forderung (also einer Schuldscheinforderung, die ja nach § 683 nicht einmal der Angabe der causa bedarf), so nimmt sie selbst diesen Charakter an. Für Grundschulden schreiben sogar die Gesetze vor, daß sie nur als abstracte Schuldversprechen mittels eines Grundschuldbriefes herzustellen seien. Natürlich liegt aber auch dem Grundschuldbrief eine materielle Forderung zu Grunde. Oder glaubt man etwa, daß ein solcher ohne causa debendi ausgegeben werde? Bei Grundschuld und Hypothekenschuld kann man die formale Kraft noch in der Art steigern, daß man wider den gutgläubigen Cessionar Einreden aus dem materiellen Bestande der Schuld, die wider den Vorbesitzer begründet waren, ausschließt. Damit ist das höchste Maß der Formalobligation erreicht. Der Schuldbrief nimmt die Natur eines auf das Grundeigenthum gezogenen Wechsels an. Das alles hat aber mit der Frage der Trennung der dinglichen von der persönlichen Schuld nicht das geringste gemein. Auch

[1]) Nichts stünde z. B. entgegen, daß man auch die Ausstellung eines Hypothekenbriefes auf den Namen des Eigenthümers gestattete. Durch die Begebung eines solchen Briefes an einen Andern würde sich dann der Eigenthümer (kraft abstracten Schuldversprechens) auch persönlich verpflichten.

die Grundschuld könnte in der Bedeutung einer materiellen Obligation eingegangen werden. Wenn man ihr in dem Grundschuldbrief lediglich den Charakter einer streng formalen Obligation gegeben hat, so ist das nur geschehen, weil sich hierauf das praktische Bedürfnis beschränkte.

Als man zu Ende der sechziger Jahre in Preußen eine neue Hypothekengesetzgebung schaffen wollte, hatte man vernommen, daß in Mecklenburg Hypotheken ohne persönliche Forderung errichtet werden können. Dieses „Mecklenburger Dogma" wollte man sich aneignen. Weil man aber der Ansicht war, daß „eine Hypothek ohne persönliche Forderung gar nicht bestehen könne", so verstand man unter Trennung der Hypothek von der persönlichen Forderung etwas ganz anderes, als das oben Dargelegte. Man verwechselte die neben der Hypothek stehende persönliche Forderung mit der hinter der Hypothek stehenden, ihr mit der persönlichen Forderung gemeinsamen causa debendi, und meinte: Trennung der Hypothek von der persönlichen Forderung bedeute Trennung der hypothekarischen Forderung von ihrer causa. Darnach wollte man, um das Mecklenburger Dogma zu verwirklichen, in der Hypothek ein fabelhaftes Gebilde schaffen; eine Formalobligation von einer Schärfe, wie sie noch nie in der Welt existirt hatte. Alle Einreden „aus der persönlichen Forderung", d. h. aus dem materiellen Schuldverhältnisse, sollten gegen die neue Hypothek ausgeschlossen sein, was natürlich über den Wechsel noch weit hinausging. Es war das die großartigste Begriffsverwirrung, die mir jemals an autoritativer Stelle vorgekommen ist. Sie gründete sich, wie die Motive klar ergaben, eben auf jene Anschauung, welche den Begriff der dinglichen Forderung, die in der Hypothek selbst lebt, nicht zu erfassen vermochte, die deshalb für die „accessorische" Hypothek nach einer außerhalb ihrer liegenden (natürlich „persönlichen") Forderung suchen mußte und so dahin gelangte, daß ohne eine persönliche Forderung eine Hypothek nicht bestehen könne. Erst nach vielen Verhandlungen gelang es im Herrenhause, den Entwurf in ein richtigeres Geleise überzuleiten. Dort wurde der

Begriff der Grundschuld als einer rein dinglichen Verbindlichkeit in das Gesetz gebracht; daneben aber die alte Hypothek beibehalten und im Wesentlichen übereinstimmend mit dem bisherigen preußischen Recht geordnet [1]).

Aber auch noch heute lebt in der preußischen Rechtswissenschaft die durch die gedachten Gesetzvorlagen eingeleitete Begriffsverwirrung fort. Man lehrt: der Unterschied zwischen Hypothek und Grundschuld liege darin, daß jene als accessorisches Recht der Angabe des Schuldgrundes bedürfe, während diese, als selbständige Belastung eines Grundstückes, eine solche Angabe nicht vertrage. Mit andern Worten, man betrachtet die persönliche Forderung als Schuldgrund (causa) der Hypothek, was sie ganz und gar nicht ist. Auch eine Hypothek kann ohne Angabe eines Schuldgrundes bestellt werden, wenn sie mit einer persönlichen Forderung in Verbindung tritt, welche der Angabe des Schuldgrundes entbehrt. Umgekehrt könnte auch eine Grundschuld unter Angabe des Schuldgrundes errichtet werden, wenn nicht das Gesetz positiv sie auf den Charakter einer reinen Formalobligation beschränkte [2]).

Unser Entwurf hatte zwar in der durch das preußische Gesetz geschaffenen Grundschuld einen festen Anhaltspunkt dafür gewonnen, was Befreiung der dinglichen Schuld von der persönlichen bedeute. Aber zu völliger Klarheit ist er doch nicht gelangt. Auch nach den Motiven ist die Hypothek ein accessorisches Recht, welches eine persönliche Forderung unabweislich voraussetzt. Noch immer finden die Motive die „Schwierigkeiten in der juristischen Construction

---

[1]) Damit war freilich die ganze Tendenz des Gesetzentwurfs, dem Realcredit eine ganz neue, unerhörte Grundlage zu geben, in das Wasser gefallen. Denn das neue bestand nur in der Einführung der Grundschuld. Die Grundschuld aber, welche keine persönliche Verbindlichkeit neben sich hat, gewährt dem Gläubiger nicht eine stärkere, sondern eine schwächere Sicherheit. Daraus erklärt sich auch, daß von der Grundschuld so wenig Gebrauch gemacht wird.

[2]) Ich erwähne dieser preußischen Anschauung nur, um zu zeigen, mit welcher Hartnäckigkeit verfehlte Ansichten aus den Motiven eines Gesetzes, auch wenn dieses selbst abgeändert ist, sich festsetzen. Die Vertreter jener Anschauung haben offenbar keine klare Vorstellung davon, was „Schuldgrund" ist.

der Grundschuld" unlösbar [1]). Auch die Verwechselung der Begriffe von Loslösung der dinglichen Schuld von der persönlichen und Lostrennung der Forderung von ihrer causa spielt noch überall mit herein. Darnach sind denn auch die Begriffsbestimmungen ausgefallen, die der Entwurf von Hypothek und Grundschuld gibt. Hypothek soll sein (§ 1062): „die Belastung eines Grundstücks in der Weise, daß eine bestimmte Person berechtigt ist, wegen einer bestimmten Geldforderung Befriedigung aus dem Grundstücke zu verlangen". Eine Grundschuld soll sein (§ 1135): „die Belastung eines Grundstückes in der Weise, daß eine bestimmte Person berechtigt ist, zu verlangen, daß für sie eine bestimmte Geldsumme aus dem Grundstücke im Wege der Zwangsverwaltung oder der Zwangsversteigerung beigetrieben werde". (Man sieht, hier ist das Wort „Forderung" ängstlich vermieden). Hätte man denn nicht statt dieser schwülstigen Bestimmungen einfach sagen können: „Hypothek ist die Belastung eines Grundstückes mit einer Forderung, für welche zugleich eine persönliche Verbindlichkeit besteht oder eingegangen wird. Grundschuld ist die Belastung eines Grundstückes mit einer Forderung ohne persönliche Verbindlichmachung"? Mit diesen Definitionen hätte man der Sache einen naturwahren Ausdruck gegeben. Kann man wohl vernünftigerweise zweifeln, daß, wenn man von einer Grund schuld redet, dieser Schuld (als Passivum) doch auch eine Forderung (als Activum) gegenüberstehen muß?

Man sage nicht, daß dies alles nur doctrinäre Fragen seien. Jeder, der den Entwurf liest, wird sich des Eindrucks nicht erwehren, daß die ganze dort aufgestellte Lehre ein überaus künstlicher Bau ist, in welchen einzudringen sehr schwer hält und der voraussichtlich der Praxis große Schwierigkeiten bereiten wird. Das ist aber die Frucht der verwirrenden Anschauungen von dem

---

[1]) Die Motive (S. 610) sagen: die juristische Construction sei Aufgabe der Wissenschaft. Jawohl! wenn nur nicht der Entwurf selbst und die Motive der Wissenschaft diese Aufgabe so schwer machten. Die Motive schwelgen förmlich in verwirrenden Doctrinen (so z. B. S. 676).

Verhältniß der Hypothek zur persönlichen Forderung und von der vermeintlichen specifischen Verschiedenheit der Hypothek von der Grundschuld. Die Bestimmungen des Entwurfs hätten sich einfacher und natürlicher gestalten lassen, wenn man sich hätte überzeugen können, daß Hypothek und Grundschuld ihrem inneren Wesen nach nichts Verschiedenes sind.

Ein großer Vorzug des Entwurfs vor den preußischen Gesetzen liegt darin, daß er eine selbständige Briefhypothek schaffen will. Die Bestimmungen über dieselbe sind, so weit ich es zu überblicken vermag, befriedigend geordnet. Träger des Rechts ist bei ihr nicht der Eintrag — wenn auch dieser zu ihrer Entstehung und Fortdauer nothwendig ist —, sondern der Hypothekenbrief. Nur durch Aushändigung des Hypothekenbriefs begründet der Schuldner die Forderung. Nur mittels Uebergabe desselben kann der Gläubiger die Forderung auf Andere übertragen. Nur auf Grundlage desselben kann der Gläubiger die Forderung einklagen. Nur gegen Rückgabe desselben braucht der Schuldner zu zahlen. Theilzahlungen müssen auf demselben vermerkt werden. Dieser Hypothekenbrief ist nun zugleich zu einer scharfen Formalobligation erhoben. Einreden wider den Bestand der Schuld können dem gutgläubigen Cessionar nicht entgegengesetzt werden. Darnach hat der Hypothekenbrief die Natur eines auf das Grundeigenthum gezogenen Wechsels. Nur darin liegt eine gewisse Abschwächung dieser Natur, daß es dem Schuldner gestattet ist, Einreden im Grundbuche vormerken zu lassen und dadurch sie auch einem Cessionar gegenüber sich zu erhalten. Dies ist aber das einzige positive Eingreifen des Eintragungsprincips in dieses Verhältnis.

Alle diese Einrichtungen lassen die Briefhypothek im vollen Maße für den Verkehr geeignet erscheinen. Man kann sie recht eigentlich eine Verkehrshypothek nennen.

Hat man nun in dieser Briefhypothek eine Verkehrshypothek geschaffen, so ist nicht abzusehen, warum man daneben noch in der gewöhnlichen, man kann sagen der Normalhypothek, ganz im

Widerspruch mit der ursprünglichen Natur der Hypothek, eine abermalige Verkehrshypothek schaffen will, die aber nicht in einem begebbaren Instrumente, sondern in dem Eintrag eine weit minder geeignete Grundlage finden soll.

Wenn die Motive (S. 615) gewissermaßen als selbstverständlich hinstellen, daß für die Hypothek der Eintrag im Grundbuche die nämliche Grundlage abgeben müsse, wie für jedes andere dingliche Recht; wenn sie gleichsam entschuldigen, daß statt dessen bei der Briefhypothek der Hypothekenbrief Träger des Rechtes geworden sei, so halte ich das für eine unrichtige Auffassung von der Bedeutung, die dem Eintrag für die Hypothek zukommt. Allerdings ist die Hypothek als dingliches (gegen Dritte wirkendes) Recht für ihre Existenz an den Eintrag gebunden. Aber den Eintrag zum Träger des ganzen Rechtes zu machen, ist unnatürlich. Alle übrigen Rechte an Grundeigenthum haben eine stabile Natur: sie sind auf dauernden Bestand berechnet. Bei ihnen kann also ohne Nachtheil der Eintrag zum Träger des Rechtes gemacht werden. Die Hypothek ist aber ihrem Wesen nach eine Forderung, welche im Laufe ihres Daseins mannichfachen Schicksalen unterliegen kann und welche ihr eigentliches Ziel nur in ihrer Lösung findet.

Diesen Wandlungen in dem Rechte der Forderung kann der Eintrag nicht genügend folgen. Er ist daher wohl geeignet, eine schützende Hülle für das Recht der Hypothek zu bilden, aber nicht das Recht selbst zu tragen. Will man einen solchen formalen Träger des Schuldrechtes schaffen, so kann es eben nur eine den Betheiligten in die Hand gegebene Urkunde, wie der Hypothekenbrief und der Grundschuldbrief, sein. Den Hypothekenbrief kann der Schuldner, wenn er Zahlung leistet, sofort sich aushändigen lassen, wenn er eine Abschlagszahlung leistet, die sofortige Vermerkung derselben auf dem Briefe verlangen. Damit ist sein Recht gesichert. Muß er aber, um sein Recht zu sichern, erst an das Gericht gehen und dort die Löschung erwirken, so ist während der ganzen Zwischenzeit sein Recht schutzlos. Wer es weiß, wie wenig überhaupt Menschen geneigt sind, jederzeit solche Geschäfte schleunigst bei Gericht zu erledigen, der wird die darin liegende Gefahr nicht gering achten. Ueberdies haben unzählige Menschen, namentlich unsere Bauern, gar keine Ahnung davon, daß sie solche Gefahren laufen, wenn sie eine erledigte Hypothek nicht schleunigst löschen lassen, oder wenn sie Einreden, die gegen die hypothekarische Schuld ihnen erwachsen, nicht sofort vormerken lassen. Auch soll ja nach § 1085 und § 845 eine solche Vormerkung nicht ohne weiteres ertheilt werden, sondern es soll einer „Glaubhaftmachung der Thatsachen" bedürfen. Findet der Richter die Thatsache nicht glaubhaft und cedirt der Gläubiger schnell seine Forderung weiter, so ist der Schuldner um die Einrede gebracht. Nur Täuschungen und materielle Rechtsverletzungen würden daraus hervorgehen.

Man würde wahrscheinlich gar nicht auf den Gedanken gekommen sein, eine solche Hypothek zu schaffen, wenn man nicht dafür im preußischen Rechte einen gewissen Anhalt gefunden hätte. Nach preußischem Rechte sollte über jede Hypothek ein Hypothekeninstrument ausgegeben werden, wenn nicht die Parteien darauf verzichteten. Und da man hierbei vorzugsweise die Fälle vor Augen hatte, wo eine feststehende Schuld, namentlich eine Darlehensschuld, hypothekarisch gesichert wird, so war schon das Landrecht (I. 20 § 423) dahin gekommen, gegen einen Cessionar Einreden aus dem Bestande der Schuld auszuschließen, d. h. jeder Hypothek eine wechselmäßige Bedeutung beizulegen. Als dann das Gesetz vom 5. Mai 1872 geschaffen und vom Herrenhause neben der Grundschuld die alte Hypothek wieder in das Gesetz hereingebracht wurde, wollte man dort zugleich dahin Bestimmung treffen:

„Gegen die Klage aus einer Hypothek sind die Einreden aus dem persönlichen Schuldverhältnisse oder welche aus dem Grundbuch sich ergeben, unbeschränkt zulässig."

Im Abgeordnetenhause aber fand man dadurch das Recht der preußischen Hypothek beeinträchtigt. Es läßt sich auch nicht leugnen, daß durch die Fassung des Herrenhauses zugleich die an den Hypothekenbrief sich knüpfende Verkehrshypothek des preußischen Rechtes, für deren Beibehaltung ja ein Bedürfnis obwalten mochte, aus der Welt geschafft worden wäre, und daß diese auch in der neu geschaffenen Grundschuld keinen ausreichenden Ersatz gefunden hätte. Das Abgeordnetenhaus setzte also wieder an die Stelle der Fassung des Herrenhauses:

„Gegen die Klage aus einer Hypothek können Einreden aus dem persönlichen Schuldverhältnisse einem Dritten, welcher ein Recht auf die Hypothek gegen Entgelt erworben hat, nur entgegengesetzt werden, wenn sie ihm vorher bekannt geworden sind oder sich aus dem Grundbuch ergeben."

Diese Bestimmung ist Gesetz geworden. Nun will aber der Entwurf — und darin liegt gerade ein Verdienst — in der Briefhypothek eine vollständig dem Verkehr dienende Hypothek schaffen. Wer also eine Verkehrshypothek haben will, der mag sich einen Hypothekenbrief geben lassen. Bewilligt der Schuldner einen solchen, dann weiß er oder muß es wenigstens wissen, daß er daraus wechselmäßig haftet. Wozu nun aber noch eine zweite, für das materielle Recht weit gefährlichere Verkehrshypothek schaffen? Warum dem Schuldner, der durch die Hypothek seinem Gläubiger eine materielle Sicherheit gewähren will, eine wechselmäßige Verbindlichkeit in das Haus wachsen lassen, von der er vielleicht keine Ahnung hat? Warum nicht die Hypothek (soweit sie nicht Briefhypothek ist) ihrem natürlichen Zweck, die Forderung lediglich materiell zu sichern, zurückgeben? Ich vermag nicht den geringsten Grund dafür einzusehen; erblicke aber in dieser wechselmäßigen „Buchhypothek" erhebliche Gefahren für das materielle Recht.

Will man diesen Gedanken Folge geben, so müßten der § 1083 und die damit zusammenhängenden weiteren Paragraphen aus der N. I ausgeschieden und unter die N. II des Titels eingereiht werden. Dann könnte man auch die Vorschriften unter III über die „Sicherungshypothek" mit den Vorschriften unter N. I verschmelzen, und man hätte statt vier nur drei Arten dinglicher Sicherung.

Glaubt man gleichwohl an dieser wechselmäßigen Buchhypothek festhalten zu müssen, dann mache man sie wenigstens nicht zur Normalhypothek, d. h. derjenigen Hypothek, die sich ohne Weiteres versteht. Es ist geradezu eine Umkehrung des natürlichen Verhältnisses, daß man diejenige Hypothek, die dem ursprünglichen Charakter der Hypothek entspricht, unter dem Namen „Sicherungshypothek" gleichsam in die Ecke stellt und statt dessen eine Hypothek voranstellt, in die man künstlich den Begriff einer Formalobligation strengster Art hineingetragen hat; als ob es sich bei einer Hypothek nicht mehr in erster Linie darum handelte, eine Forderung materiell sicher zu stellen, sondern in der sicher gestellten Forderung ein Object für den Verkehr zu gewinnen. Man mache die Sicherungshypothek zur Normalhypothek und erkläre, daß die wechselmäßige Buchhypothek nur dann eintritt, wenn die Betheiligten ausdrücklich erklären, sie zu wollen; wozu man freilich erst noch einen besondern Namen für sie erfinden müßte.

Es möge hier noch bemerkt werden, daß mit der vorstehenden Bekämpfung der wechselmäßigen Buchhypothek nicht auch der Grundsatz bekämpft werden soll, daß eine wirksame Abtretung der hypothekarischen Forderung an den Eintrag geknüpft wird (§ 1087). In dieser Richtung ist allerdings der Eintrag geeignet, das Recht zu repräsentiren. Die Verweisung der Abtretung auf den Eintrag sichert zugleich das Interesse des Schuldners, daß er nur an einen zur Löschung legitimirten Gläubiger zu zahlen braucht. Daß die Uebertragung von persönlicher und dinglicher Forderung Hand in Hand gehen muß (§ 1086), ergibt sich aus der materiellen Identität beider.

Zu § 1228.

Tritt die hier angeordnete, aus dem Rücktritt von einer Verlobung erwachsende Verbindlichkeit auch dann ein, wenn der Zurücktretende noch minderjährig ist und ohne Zustimmung seines Vertreters sich verlobt hat? Und auch dann, wenn der Rücktritt durch verweigerte Zustimmung der Eltern (§ 1238) veranlaßt wird?

Zu § 1283 f.

Es ist gewiß anerkennenswerth, daß der Entwurf es unternommen hat, auch das eheliche Güterrecht zu ordnen. Die Schwierigkeiten auf diesem Gebiete sind freilich sehr groß, und sie fallen um so schwerer ins Gewicht, als die Gewöhnung an ein bestimmtes Güterrecht in den einzelnen Theilen Deutschlands nicht leicht zu überwinden sein wird. Diesen in der Sache liegenden Schwierigkeiten gegenüber wäre eine besonders anschauliche Ordnung der neu aufgestellten Verhältnisse sehr zu wünschen gewesen. Ich weiß nicht, ob man sagen kann, daß der Entwurf dieser Aufgabe vorzugsweise entsprochen habe. Mein erstes Gefühl bei Durchlesung seiner Bestimmungen war, daß ich die Studiosen der Zukunft bedauerte, die in diesem ehelichen Güterrechte ein Examen zu bestehen haben würden. Indessen ist dieser Eindruck vielleicht nur subjectiv, und ich will mich gern damit bescheiden, daß man sagen kann: tadeln sei leicht, besser machen schwer. Gerade auf diesem Gebiet wird auch der Mangel sehr fühlbar, daß der Entwurf das bäuerliche Recht ganz außer Acht läßt, namentlich den wichtigsten, zur Ordnung der Familienverhältnisse bestimmten bäuerlichen Vertrag, den Gutsersatzvertrag, nicht herangezogen hat.

Der Entwurf geht in der Weise zu Werke, daß er ein System des ehelichen Güterrechts, welches er das der „Verwaltungsgemeinschaft“ nennt, als das normale, kraft Gesetzes eintretende, an die Spitze stellt, daneben aber noch (man könnte mit der Carolina sagen, „um Verzweiflung zu verhüten“) die übrigen in Deutschland üblichen Systeme neu ordnet, mit der Bestimmung, daß sie durch besonderen Vertrag für jede Ehe eingeführt werden können. Offenbar ist es die Absicht, diese letzteren Systeme auf den Aussterbeetat zu setzen und das erstgedachte System schon kraft des Princips der Trägheit (welches noch dadurch befördert wird, daß Eheverträge an gerichtliche oder notarielle Form gebunden sein sollen) zu dem allein herrschenden zu machen.

Da jeder Jurist dem Verdacht unterliegt, daß er besonders befangen sei in den Anschauungen, die er aus seiner Heimath mitbringt, so will ich hier kurz erwähnen, daß in Althessen ein doppeltes Güterrecht besteht. Es theilt sich nach Ständen. Für die Schriftsässigen gilt dem Namen nach römisches Dotalrecht; es hat sich aber thatsächlich in ein System umgewandelt, welches im Wesentlichen dem Normalsystem des Entwurfs entspricht. Für „Bürger und Bauern, die zu gemeinsamer Handthierung sitzen", gilt dagegen Errungenschaftsgemeinschaft, dergestalt jedoch, daß die Ehefrau für die vom Manne gemachten Schulden nur in subsidium und „wenn sie mit ihrem Wissen und Willen gemacht sind", zur Hälfte haftet. Dieses doppelte System kann auf den ersten Blick sonderbar erscheinen. Es hatte jedoch insofern eine verständige Grundlage, als in den Ständen, welche die Schriftsässigen bilden, in der Regel der Mann allein es ist, welcher das Vermögen erwirbt; während bei Bürgern und Bauern die Frau durch ihre Thätigkeit als Miterwerbende gedacht ist. In neuerer Zeit haben sich freilich diese Verhältnisse vielfach verschoben.

Wenn man nun bei Abfassung des Entwurfes sich entschloß, ein normales Güterrecht aufzustellen, so konnte, wie auch die Motive anzuerkennen scheinen, nur die Wahl sein zwischen dem System des Entwurfes und dem System der Errungenschaftsgemeinschaft. Das System der vollständigen Gütertrennung, wie es dem römischen Rechte zu Grunde liegt, paßt nicht zu der deutschen Auffassung der Ehe und hat sich fast nirgends in Deutschland völlig rein eingebürgert. Das System der allgemeinen Gütergemeinschaft (auch wenn man es, wie das französische Recht thut, auf die Mobiliargemeinschaft beschränkt) enspricht ebenfalls viel zu wenig der in Deutschland vorherrschenden Anschauung, als daß es zum normalen Rechte erhoben werden könnte. Immerhin ließe sich fragen, ob es sich nicht rechtfertige, wenn der Landesgesetzgebung vorbehalten würde, ein anderes als das vom Entwurf bezeichnete System zum Normalsystem zu erheben.

Was nun die Wahl zwischen dem System des Entwurfes und dem System der Errungenschaftsgemeinschaft betrifft, so gebe ich zu, daß das erste den Vorzug größerer Einfachheit für sich hat. Dagegen halte ich das letzte vom allgemeinen Standpunkt unseres Volkes für das gerechtere.

Der Name, welchen der Entwurf seinem Normalsystem verleiht, der der „Verwaltungsgemeinschaft", ist eher geeignet, die wahre Natur dieses Systems zu verhüllen, als zu kennzeichnen. Die „Gemeinschaft der Verwaltung" besteht darin, daß das Vermögen von Mann und Frau zwar als eines verwaltet wird, aber nicht von Mann und Frau gemeinschaftlich, sondern von dem Mann allein. Und nicht allein die Verwaltung, sondern auch die Nutznießung des gesammten Vermögens, sowie überhaupt aller Nutzen, den die Ehe abwirft, soll dem Manne allein zufallen. Wird die Ehe aufgelöst, so erhält die Frau den Kapitalbestand ihres Vermögens zurück. Alles sonstige Vermögen gehört dem Manne.

Auch bei dem System der Errungenschaftsgemeinschaft unterliegt das beiderseitige Vermögen der einheitlichen Verwaltung des Mannes, ganz so wie bei dem vorigen System. Bei Auflösung der Ehe aber erhält die Frau neben ihrem eingebrachten Vermögen auch die Hälfte der ehelichen Errungenschaft. Darin liegt der Gegensatz.

Man kann das erste System das des Mannesegoismus nennen. Das zweite will auch der Frau gerecht werden.

Für die Ansammlung eines ehelichen Erwerbs kommen namentlich zwei Factoren in Betracht: die Arbeitskraft der Eheleute und die Einkünfte des beiderseits eingebrachten Vermögens. Was den ersteren Factor betrifft, so dürfen wir uns dadurch nicht täuschen lassen, daß wir, die Glieder der höheren Stände, in unserer nächsten Umgebung meist nur solche Ehen sehen, wo das eheliche Vermögen allein durch die Arbeitskraft des Mannes vermehrt wird. In den geringeren Ständen — und diese bilden doch in unserem Volke die große Mehrzahl — arbeitet die Frau in ihrer Art mit, und man wird selten einen Haushalt sehen, der es im Laufe der Ehe zu Vermögen bringt, bei dem nicht die Frau durch ihre Tüchtigkeit zu diesem Vermögenserwerb wesentlich beigetragen hätte. Unzweifelhaft ist aus der Anschauung dieser Verhältnisse das Anrecht der Frau auf einen Antheil am ehelichen Erwerb innerhalb weiter Kreise Deutschlands in das Volksbewußtsein gedrungen. Und man würde es schwer verstehen, wenn in Zukunft die Frau, welche eine langdauernde Ehe hindurch treu und arbeitsam ihrem Mann zur Seite gestanden, lediglich mit dem, was sie in die Ehe gebracht, abgefunden werden sollte. Für den ehelichen Erwerb kommen dann auch noch die Auskünfte des beiderseits eingebrachten Vermögens in Betracht. Unterstellen wir das eingebrachte Vermögen beider Ehegatten als gleich, so ergibt sich auch hieraus nicht eine Ausschließung der Frau von dem ehelichen Erwerb, sondern eine Gleichstellung mit dem Manne. Nun kann ja allerdings das eingebrachte Vermögen des einen oder des anderen Ehegatten das größere sein und dem zu Folge mehr zu dem angesammelten Vermögen beigetragen haben. In dieser Weise kann man aber nicht den Verhältnissen folgen, um für jeden einzelnen Fall die höchste Gerechtigkeit zu erzielen. In höheren Ständen, wo die Arbeitskraft des Mannes als erwerbender Factor vorwiegt, wird man öfter finden, daß unvermögende Männer vermögende Mädchen geheirathet haben, als umgekehrt; so daß hierdurch das Anrecht beider auf den ehelichen Erwerb einigermaßen sich ausgleicht.

Eine nicht wegzuleugnende Schwierigkeit des Errungenschaftssystemes liegt in der Frage, wie weit die Ehefrau für die vom Manne gemachten Eheschulden mit ihrem eingebrachten Vermögen mithaften solle. Das Princip, sagt man, fordert die unbedingte Mithaftbarkeit. Aber das wirkliche Leben widerstrebt dieser Anforderung. Nach dem Princip ist allerdings der Mann der alleinige Verwalter des gesammten Haushaltes; und wenn er leichtsinnige Schulden macht und die Frau sie aus ihrem Vermögen mitbezahlen muß, so kann diese im Handumdrehen um ihr Vermögen gebracht werden. Das Beispiel, das die Motive (S. 152) aufstellen, ist ganz richtig. Daraus ergibt sich aber nur, daß das „Princip“ einer gewissen Beschränkung bedarf. Daß der Mann allein die ganze Vermögensverwaltung in Händen hat, ist von vornherein

ein großer Vorzug, und es ist kein praktisches Bedürfnis, diesen Vorzug bis zum äußersten durchzuführen. So lange sich sein Schuldenmachen auf dem Gebiete des bereits gemachten Erwerbes bewegt, mag es berechtigt bleiben, daß er allein handelt. Es liegt im Begriff des ehelichen Erwerbs, daß zunächst die ehelichen Schulden davon abgehen. Dagegen liegt ein Schuldenmachen, welches bis auf das eingebrachte Vermögen der Ehegatten zurückgreift, außerhalb des eigentlichen Gedankens der Erwerbsgemeinschaft. Glaubt der Mann, bis zu diesem Maße Schulden machen zu müssen, dann ist es nicht mehr wie billig, daß die Frau darum befragt wird. Geht sie dann die Schuld mit ein, so mag sie auch mit dafür haften, sonst aber nicht. Eine solche Beschränkung der Haftbarkeit der Form ist also keine Abweichung von dem Princip, daß Mann und Frau Gewinn und Verlust der Ehe gleichmäßig zu tragen haben, sondern eine Abweichung (aber eine wohlbegründete) von dem Princip, daß der Ehemann unbedingt allein die Ehe zu vertreten habe. Bei einer so tief in die ehelichen Verhältnisse eingreifenden Handlung soll der Ehemann nicht mehr allein, sondern nur zusammen mit seiner Frau handeln. Handelt er aber allein, so belastet er auch sich allein. Das ist der durchaus verständige Gedanke, welcher dieser Beschränkung des sog. Princips der Errungenschaftsgemeinschaft zu Grunde liegt [1]).

Immerhin könnte man vielleicht, theils mit Rücksicht auf diese den Ehemann vorzugsweise treffende Belastung, theils mit Rücksicht darauf, daß es unzweifelhaft Ehen gibt, in welchen der Mann zu dem Erwerbe durch Arbeit mehr beiträgt, als die Frau, das Verhältnis so ordnen, daß die Frau zu einem geringeren Antheile (etwa nur zu einem Drittheil) am ehelichen Erwerb theilnähme. Ich weiß nicht, ob irgendwo dieser Gedanke bereits ausgeführt ist. Grundsätzlich stünde demselben nichts im Wege. Vielmehr läge darin vielleicht eine angemessene Vermittlung zwischen beiden Systemen.

---

[1]) In gleichem Sinne fordert auch der Entwurf bei der allgemeinen Gütergemeinschaft in § 1353 für gewisse Handlungen des Mannes die Zustimmung der Frau.

Werfen wir nun noch einen Blick auf die Art und Weise, wie die Motive (S. 159) den Gegensatz beider Systeme auffassen. Sie sagen:

„Das System der Verwaltungsgemeinschaft hat im Vergleiche mit dem idealen Zuge, welcher in der allgemeinen Gütergemeinschaft hervortritt, wie im Vergleiche mit dem das Gemüth ansprechenden Gedanken, dessen Verwirklichung die Errungenschaftsgemeinschaft erstrebt, etwas kühl Verständiges und praktisch Nüchternes. Die Vereinigung des Vermögens der Ehegatten ist eine rein äußerliche und dient lediglich dem Zwecke, dem Ehemanne, welchem die Leitung des gemeinsamen ehelichen Lebens zusteht, auch die Verfügung über die zu diesem Zwecke erforderlichen äußeren Mittel zu sichern. In dieser Beschränkung auf den durch das unmittelbar praktische Bedürfniß gebotenen Umfang ist aber gerade ein wesentlicher Vorzug des Systems der Verwaltungsgemeinschaft zu finden. Es vermeidet dadurch die schweren Uebelstände, welche jeder Versuch, in weitergehender Weise den sittlichen Gehalt der Ehe durch Rechtssätze zum Ausdruck zu bringen, nach sich ziehen muß, und ist doch auf der andern Seite biegsam genug, um jede Modification, welche durch das praktische Bedürfnis gefordert wird, zu gestatten. Mit dem Systeme der Errungenschaftsgemeinschaft steht er in keinem tiefern principiellen Gegensatze. Gegenüber jenem Systeme handelt es sich im Wesentlichen um eine Zweckmäßigkeitsfrage. Zwischen den beiden Hauptformen der Errungenschaftsgemeinschaft, von welchen die eine die Ehefrau nur an dem nach Bestreitung der ehelichen Lasten verbleibenden Ueberschusse des Ertrags des beiderseitigen Vermögens und der beiderseitigen Arbeit, die andere auch an der Einbuße Theil nehmen läßt, steht das System der Verwaltungsgemeinschaft gleichsam in der Mitte, indem es die Ehefrau weder an dem Ueberschusse noch an der Einbuße Theil nehmen läßt, sondern Beides dem Ehemanne allein überweist. Es liegt hierin eine billige und zweckmäßige Vermittelung, und es kann deshalb darauf vertraut werden, daß, da den gerechten Ansprüchen der Ehefrau durch die erbrechtlichen Bestimmungen Genüge geschieht, der Uebergang zu dem Systeme der Verwaltungsgemeinschaft für die Gebiete der Errungenschaftsgemeinschaft ein verhältnismäßig leichter sein wird. Der entscheidende Vorzug der Verwaltungsgemeinschaft vor der Errungenschaftsgemeinschaft liegt aber in der größeren Einfachheit und Leichtigkeit der praktischen Handhabung, welche der Errungenschaftsgemeinschaft in solchem Maße fehlt, daß daran jeder Versuch, sie in ganz Deutschland einzuführen, scheitern muß. — Entscheidend bei Abwägung der Vorzüge und Nachtheile der verschiedenen Systeme kommt endlich der Gesichtspunkt in Betracht, daß es im Zweifel vorsichtiger und richtiger erscheint, die kraft Gesetzes mit der Eheschließung eintretende Aenderung in den vermögensrechtlichen Verhältnissen der Ehegatten auf das geringere Maß zu beschränken und den Betheiligten die Erweiterung durch Vertrag zu überlassen, als umgekehrt zu verfahren. Es ist für die Ehegatten selbst weit leichter, bei gesetzlich bestehender Verwaltungsgemeinschaft durch Ehevertrag allgemeine oder particuläre Gütergemeinschaft einzuführen, wenn sie dies als ihren Verhältnissen entsprechender erachten, als umgekehrt bei gesetzlich bestehender Gütergemeinschaft die letztere aufzuheben oder einzuschränken."

Es ist nicht zu leugnen, daß diese Ausführung, wenn sie auch theilweise im Gebiet der höheren Phrase sich bewegt, mit einem gewissen Geschick für das System des Entwurfs plädirt. Es hat allerdings etwas kühl Verständiges und praktisch Nüchternes, wenn man die Vermögensverhältnisse der Ehegatten lediglich vom Standpunkt des Egoismus des Mannes ordnet, wogegen man diejenigen, welche für die Rechte der Frau eintreten, damit abweisen kann, daß das nur ein das Gemüth befriedigender Gedanke sei. Noch mehr wird der Standpunkt des Entwurfs durch die Sätze charakterisirt, daß zwischen dem System der Verwaltungsgemeinschaft und dem der Errungenschaft kein principieller Gegensatz bestehe, vielmehr die Wahl zwischen beiden nur eine Zweckmäßigkeitsfrage sei. Man kann ja dafür eintreten, daß es Ehen gibt, bei denen es nicht als Ungerechtigkeit sich fühlbar macht, wenn der Ehemann den ehelichen

Erwerb allein gewinnt; und man kann auch vielleicht darüber streiten, wie schwer diese Fälle vergleichsweise ins Gewicht fallen. Im Allgemeinen aber zu sagen, die Frage, ob die Frau an dem ehelichen Erwerb theilzunehmen oder dabei leer auszugehen habe, sei nichts als eine Zweckmäßigkeitsfrage, das ist doch nur möglich, wenn man das Gerechtigkeitsgefühl dabei ganz zurücktreten läßt. Der Gedanke der Motive ist der: die Frau soll für die Zwecke der Ehe möglichst ausgeschlachtet werden. Das erscheint allerdings vom Standpunkt des Mannes sehr zweckmäßig.

Weiter nehmen die Motive Bezug auf die bereits erwähnte Schwierigkeit der Frage, inwieweit die Frau mit ihrem Vermögen für die Eheschulden haften solle. Einige Rechte lassen sie unbedingt dafür haften, andere nicht. Diese Verschiedenheit wird benutzt, um zur Empfehlung des Entwurfs zu sagen: das System der Verwaltungsgemeinschaft stehe gleichsam in der Mitte, indem es die Frau nicht an der Einbuße, dafür aber auch nicht an dem Ueberschusse des Vermögens Theil nehmen lasse. Das ist eine Logik, die an den Heine'schen Vers erinnert:

Speisten in derselben Kneipe,
Und weil Keiner wollte leiden,
Daß der Andere für ihn zahle,
Zahlte Keiner von den beiden.

Unzutreffend ist es auch, wenn die Motive zur Empfehlung ihres Systems sagen: es sei vorsichtiger und richtiger, durch die Ehe die geringsten Aenderungen in den Vermögensverhältnissen der Ehegatten eintreten zu lassen. Ist es eine geringere Aenderung, wenn man der Frau beides, Verwaltung und Nutznießung ihres Vermögens nimmt, als wenn man zwar die Verwaltung dem Manne überträgt, ihr aber doch einen Antheil am Nutzen läßt? Die Schilderung der Schwierigkeiten, die es machen soll, aus einem System der Gütergemeinschaft in ein anderes überzugehen, ist künstlich aufgebauscht. Fälle eines solchen Uebergangs sind auch so selten, daß sie kaum in Betracht kommen.

Wenn endlich die Motive sagen, es werde der Stellung der Frau jedenfalls damit genügt, daß der Entwurf ihr ein Erbrecht in das Vermögen des Mannes zuweise, so könnte in diesem Erbrecht der Ehefrau vielleicht ein Ersatz für den ihr entzogenen Anspruch auf das Ehevermögen gefunden werden, wenn der Frau allein dieses Erbrecht zugewiesen wäre. So liegt die Sache aber nicht. Das nämliche Erbrecht, das die Frau in das Vermögen des Mannes haben soll, soll auch dem Manne in das Vermögen der Frau zustehen. In diesem, beiden Ehegatten zugewiesenen Erbrecht liegt also kein Ausgleich eines der Frau bezüglich ihrer Antheilnahme am Ehevermögen zugefügten Unrechts. Ich werde übrigens auf das Erbrecht der Ehegatten später noch zurückkommen.

Man kann ja zugeben, daß die hier besprochene Frage eine solche ist, über die sich streiten läßt. Um so weniger hätten die Motive zu einer Darlegung greifen sollen, die jedenfalls in ihrer sophistischen Art der Jurisprudenz kein gutes Beispiel gibt. Auch in diesem Sinne ist die oben ausführlich wiedergegebene Darlegung charakteristisch.

Bei der Wichtigkeit, welche das System der Errungenschaft zur Zeit noch für einen großen Theil von Deutschland hat, und da mir gerade auf diesem Gebiete größere Erfahrungen zu Gebote stehen, habe ich mit der Gestaltung des fraglichen Systems im Entwurfe mich näher zu befassen gesucht. Es ist mir aber nicht gelungen, aus den 96 Paragraphen des Entwurfs — so viel sind es, wenn man die in Bezug genommenen mitzählt — mir ein klares Bild von der Sache zu machen. Ueberblickt man die große Summe der hiernach zur Regelung des Verhältnisses für erforderlich erachteten Vorschriften, so könnte man sich fast verwundern, daß z. B. in einem Lande wie Kurhessen, wo nur ganz wenige gesetzliche Bestimmungen (über die Haftbarkeit der Frau für die Eheschulden) bestehen, alles Uebrige aber der gemeinen Lehre und der Praxis überlassen geblieben ist, die Menschen noch geheirathet und in einen so gesetzlosen Zustand sich gestürzt haben. Es ist aber immer noch leidlich gegangen. Sollte dagegen ein hessischer Richter in die Lage kommen, ein Eheverhältnis nach den Bestimmungen des

Entwurfs beurtheilen zu müssen, so würde er, glaube ich, in die größte Noth gerathen[1]). Ob man anderwärts sich besser hineinzufinden wüßte, wage ich nicht vorauszusagen.

Die Motive (S. 492) geben Aufschluß darüber, wie der Entwurf zu seiner Aufstellung gekommen ist. Sie erwähnen, daß für die Durchführung der Errungenschaftsgemeinschaft zwei Hauptformen bestehen. Nach der einen bildet der Errungenschaftserwerb schon während der Ehe einen besondern Vermögensbegriff. Nach der andern wird dagegen erst bei Auflösung der Ehe durch Abrechnung ermittelt, ob eine Errungenschaft vorhanden ist, und wird diese dann unter die Ehegatten getheilt. Als ein Land, wo das letztere System gilt, wird unter andern auch Kurhessen aufgeführt. In Kurhessen ist aber dieses System nicht etwa durch Gesetz eingeführt, sondern es hat sich mit innerer Nothwendigkeit aus der Praxis herausgebildet. Der Entwurf hat nun freilich für das andere System sich entschieden, und darin liegt meiner Ueberzeugung nach der Grund, daß seine Vorschriften so schwer faßbar sind. Ich glaube behaupten zu dürfen, daß dieses System sich gar nicht oder nur mit der größten Verwirrung durchführen läßt. Wie soll denn äußerlich bei jedem einzelnen Vermögensstück unterschieden werden, welchem der drei Vermögensbestände es angehört? Und was für ein Interesse ist es, die Ehefrau schon während bestehender Ehe als Miteigenthümer gewisser Vermögensstücke anzusehen, wenn doch nur allein der Mann darüber verfügen kann? Ich habe keine Vorstellung davon.

Die Errungenschaftsgemeinschaft läßt sich nur durchführen und verhältnismäßig einfach gestalten, wenn man ihr folgende Grundzüge gibt. Das gesammte Ehevermögen steht unter der Verwaltung des Mannes. Innerhalb dieser Verwaltung bleibt das von der Ehefrau eingebrachte Vermögen ihr Eigenthum. Unter-

---

[1]) Dabei wirft sich die Frage auf: werden auch die schon bestehenden, auf Grund des Errungenschaftssystemes eingegangenen Ehen, sobald der Entwurf Gesetz wird, nach diesem beurtheilt werden?

liegen Stücke desselben einer Wandlung (werden z. B. Grundstücke verkauft, Kapitalien eingezogen), so können mit Zustimmung des Mannes ersatzbildende Vermögensstücke wiederum auf den Namen der Frau erworben werden. Sonst aber kann die Frau während der Ehe kein selbständiges Vermögen erwerben, und ebensowenig die Ehe mit Schulden belasten. Alles, was beide Ehegatten erwerben, gehört dem Manne [1]). Dieser ist hiernach formell Eigenthümer des gesammten Ehevermögens, mit Ausnahme der von der Ehefrau eingebrachten Vermögensstücke oder ihres Surrogats. Bei Auflösung der Ehe nimmt jeder der beiden Ehegatten zunächst sein Eingebrachtes zurück. Soweit dasselbe nicht mehr in Natur vorhanden, dessen Werth aber in dem Ehevermögen aufgegangen ist, bildet dieser Werth einen Forderungsanspruch, der an die Stelle des Eingebrachten tritt. Von dem Ueberschuß des Vermögens werden dann zunächst die Schulden abgezogen. Das Uebrige (die Errungenschaft) kommt zwischen den Ehegatten zur Theilung. Uebersteigen die Schulden den Erwerb, so haftet für den nicht gedeckten Theil derselben das eingebrachte Vermögen des Mannes unbedingt, das eingebrachte Vermögen der Frau in dem Maße, als man deren Mithaftbarkeit zu ordnen für gut findet (s. oben S. 533).

Ich habe die Ueberzeugung, daß, wenn man nach diesen Grundzügen das System ordnen wollte, dies mit einem weit geringeren und auch durchsichtigeren Apparat geschehen könnte, als die Ordnung des Entwurfes aufweist. Wird der Entwurf, so wie er ist, Gesetz, so wird zu der Ungunst. die dem Errungenschaftssystem schon durch die ihm angewiesene Nebenstellung zu Theil geworden ist, noch die weitere Ungunst hinzukommen, daß man mit dessen Eingehung ein überaus verworrenes Rechtsgebiet beschreitet.

---

[1]) Es ist ein Fehler des Systemes in Kurhessen gewesen, daß man dort die Frau zum selbständigen Erwerb von Grundeigenthum zugelassen und dann auch dieselbe, dem Rechte des formalen Eintrags entsprechend., als selbständige Eigenthümerin angesehen hat. Dieser Fehler müßte vermieden werden.

Zu Titel 5 (Auflösung der Ehe).

Von den Gegenständen der Civilrechts-Gesetzgebung nimmt die Ehescheidung mehr als irgend ein anderer das allgemeine Interesse in Anspruch. Die dafür aufzustellenden Grundsätze sind aber nicht bloß juristischer Natur, sondern sie hängen mit religiösen, ethischen und socialen Fragen zusammen, zu denen jeder nach seiner Persönlichkeit Stellung nimmt. Die Ansicht darüber wird überdies durch die Gewöhnung an das Recht, unter welchem Jeder lebt, erheblich beeinflußt. Aus diesen Gründen will ich mich hier nicht eingehend mit jenen Grundsätzen beschäftigen, vielmehr mich auf eine Reihe Bemerkungen von rein juristischer Natur beschränken.

1. Während der Entwurf nach § 1444 die Zulassung der Ehescheidung wegen Mißverhaltens eines der Ehegatten in ziemlich weitem Umfange dem richterlichen Ermessen überläßt, stellt er andererseits das Princip auf, daß nur wegen Verschulden eines Ehegatten die Ehescheidung zulässig sei (Motive S. 567), und gelangt auf diese Weise dahin, daß er schwere Gebrechen, namentlich auch unheilbaren Wahnsinn, als Ehescheidungsgrund ausschließt (Das. S. 570). Das gedachte Princip hat aber keine inneren Gründe für sich. Die Ehescheidung erfolgt nicht zur Strafe des Ehegatten, welcher dazu Veranlassung gibt, sondern sie geschieht, um den andern Ehegatten von einem unerträglichen Bande zu befreien. Wo diese Nothwendigkeit, nach menschlichen Verhältnissen bemessen, eintritt, da kann es auf ein Verschulden des Ehegatten jedenfalls dann nicht ankommen, wenn dieser von der ausgesprochenen Ehescheidung subjektiv gar nicht berührt wird, wie man dies bei einem Wahnsinnigen annehmen muß.

2. Wenn auch das landesherrliche Ehescheidungsrecht, welches zur Zeit noch in vielen deutschen Ländern geübt wird, das der Entwurf aber völlig beseitigen will (Mot. S. 577), geschichtlich aus Verhältnissen hervorgegangen ist, die nicht mehr bestehen, so läßt sich doch nicht läugnen, daß da, wo eine gerichtliche Ehescheidung auf Grund beiderseitiger Einwilligung der Ehegatten

unstatthaft ist, die landesherrliche Ehetrennung unter Umständen einem dringenden Bedürfnisse abhilft. Völlig verwerflich würde dieselbe freilich sein, wenn man sie als einen unmittelbaren Eingriff des Landesherrn in Privatrechte anzusehen hätte. Dieser Gedanke wird aber ausgeschlossen, wenn — was ich für selbstverständlich halte — die Trennung durch den Landesherrn nur auf Grund beiderseitiger Einwilligung gestattet wird. In diesem Falle hat der Ausspruch des Landesherrn, welcher die Ehe trennt, nur die Bedeutung einer Anerkennung, daß in concreto auch das öffentliche Interesse nicht entgegenstehe, dem geeinigten Willen der Eheleute Folge zu geben. Erachtet man das öffentliche Interesse an Aufrechthaltung der Ehe im Allgemeinen für so groß, daß man den Gerichten die Befugnis, auf beiderseitige Einwilligung eine Ehe zu trennen, versagt, so kann man doch ohne inneren Widerspruch diese Befugnis in die Hände des Landesherrn legen. Denn es giebt in der That Fälle, wo das Bedürfnis, eine unglückliche Ehe auf Grund beiderseitigen Einverständnisses zu trennen, so stark vorliegt, daß dagegen das öffentliche Interesse an Aufrechthaltung der Ehen zurücktritt. Die landesherrliche Ehetrennung nimmt hiernach den Charakter einer Dispensation an, kraft welcher ausnahmsweise die Trennung der Ehegatten durch beiderseitige Einwilligung gestattet wird. Das wäre den Grundsätzen des Entwurfs gegenüber, welcher ja auch die gerichtliche Ehetrennung auf Grund beiderseitiger Einwilligung ausschließen will, zu erwägen.

3. § 1443 bestimmt den Begriff der böslichen Verlassung dahin, daß der Ehegatte, welcher wider den Willen des andern Ehegatten die häusliche Gemeinschaft aufgegeben hat, dies „in der Absicht, den andern böslicher Weise zu verlassen", gethan haben müsse. Wie soll denn aber diese Absicht festgestellt werden? Ich meine, wenn ein Ehegatte in die Welt geht und über ein Jahr lang nichts von sich hören läßt, so wäre damit die Absicht der böslichen Verlassung von selbst gegeben. Daß die Lösung der Ehe Zweck der Verlassung sei, ist nicht nöthig.

4. Wird während des Desertionsprocesses der Aufenthalt des verklagten Ehegatten bekannt, so muß dem klagenden Theil, ohne daß es der Erhebung einer neuen Klage bedarf, nicht bloß „der Antrag auf Herstellung der häuslichen Gemeinschaft", sondern auch der Antrag auf Ehetrennung aus einem anderen Grunde gestattet sein. Oefters werden gerade die bekannt gewordenen Umstände der Trennung einen solchen Grund ergeben. Da es zweifelhaft ist, ob die Zulässigkeit einer solchen Klagänderung schon aus § 574 der CPO. zu folgern steht, so wäre eine andere Fassung des Schlußsatzes in § 1443 wünschenswerth.

5. Der Entwurf will den formalistischen Grundsatz der Civilproceßordnung, daß die in der Zwischenzeit zwischen dem Schluß der mündlichen Verhandlung in dem Urtheile entstandenen Einwendungen so behandelt werden sollen, als ob sie erst nach dem Urtheile entstanden wären, auch auf die Eheprocesse anwenden (Mot. S. 51, 603). § 1443 bestimmt, daß die Scheidung wegen böslicher Verlassung unstatthaft sei, wenn zur Zeit der letzten mündlichen Verhandlung deren Voraussetzungen nicht mehr vorliegen. Darnach soll also das Gericht, wenn es auf die mündliche Verhandlung das Urtheil auf acht Tage ausgesetzt hat, inzwischen aber der flüchtig gewordene Ehegatte notorisch zurückgekehrt ist, gleichwohl die Ehetrennung wegen böslicher Verlassung aussprechen. Meiner Ansicht nach verträgt der Ehescheidungsproceß eine solche formalistische Behandlung nicht.

6. Für übertrieben formalistisch halte ich auch den Grundsatz, daß, wenn der Kläger die Scheidung beantragt hat, das Gericht nicht statt dessen auf Trennung von Tisch und Bett soll erkennen dürfen. Die Trennung von Tisch und Bett, sagen die Motive (S. 595), sei nicht ein Minus der Scheidung, sondern etwas sachlich davon ganz Verschiedenes. Wäre das richtig, so würde es auch nicht einmal zulässig sein, daß der klagende Theil seine auf Scheidung gerichtete Klage im Laufe des Processes in eine Klage auf Trennung von Tisch und Bett umänderte oder einen Antrag auf letztere als eventuellen seiner Klage hinzufügte. Das scheinen doch auch die

Motive zulassen zu wollen. Es ist aber auch jener Satz der Motive unrichtig. Sie selbst bezeichnen an späterer Stelle mehrfach (S. 599, 601) die Trennung von Tisch und Bett als ein „bedingtes Scheidungsurtheil". In der That ist diese nur eine auf zwei Jahre vertagte Scheidung. Sie steht in ganz naher Verwandtschaft mit der schon durch § 550 der CPO. dem Gerichte gegebenen Befugnis, den Scheidungsproceß zwecks Aussöhnung der Parteien auf ein Jahr auszusetzen. Es ist auch nicht zu zweifeln, daß in der großen Mehrzahl der Fälle der Ausspruch einer Trennung von Tisch und Bett dem klagenden Theil willkommener ist, als eine Abweisung der Klage, die ihn nöthigt, wenn er nun von Tisch und Bett getrennt sein will, den nämlichen Proceß dem Gerichte von Neuem vorzuführen. Andererseits ist aber auch der Ausspruch ganz unverfänglich. Denn wenn dem Kläger an einer Trennung von Tisch und Bett nichts gelegen ist, so braucht er nur auf sein Recht aus dem Urtheil zu verzichten. Damit ist es aus der Welt geschafft. Der verklagte Theil hat kein Recht daraus erlangt, getrennt von dem Kläger zu leben. Uebrigens werden verständige Richter jenem formalistischen Grundsatz schon damit die Spitze abbrechen, daß sie den klagenden Anwalt veranlassen, einen eventuellen Antrag auf Trennung von Tisch und Bett zu stellen.

7. Daß die Erhebung der Ehescheidungsklage an eine verhältnismäßig kurze Frist geknüpft wird, ist gewiß berechtigt. Jedoch möchte ich glauben, daß es sich empfehle, während der Zeit, wo die Ehegatten sich thatsächlich getrennt haben, den Lauf der Verjährung ruhen zu lassen. Es mag sein, daß die thatsächliche Trennung von Ehegatten im Allgemeinen nicht zu begünstigen ist. Aber die Anstellung eines Ehescheidungsprocesses bildet unter Umständen ein noch größeres Übel. Gesetzt, die Frau kann mit einem Manne nicht mehr leben; sie hat auch einen Grund zur Ehescheidung, will ihn aber aus Schonung für den Mann nicht öffentlich geltend machen. Sie begnügt sich also damit, von dem Manne wegzuziehen. Dann wird sie gleichwohl durch den Entwurf gedrängt, die Ehescheidungsklage anzustellen. Denn, wenn

sie es unterläßt, so hat sie nach sechs Monaten zu gewärtigen, daß der Mann auf Herstellung der häuslichen Gemeinschaft Klage erhebt, und daß sie wieder zu ihm zurückkehren muß. Ist es in solchen Verhältnissen nicht besser, die Eheleute bleiben stillschweigend getrennt, als daß ein skandalöser Eheproceß ihnen aufgedrungen wird?

Dagegen halte ich die Frist des Abs. 2 in § 1447 für viel zu lang. Es scheint mir kein Bedürfnis, auch noch nach 29 Jahren wegen eines erst jetzt entdeckten Ehebruches oder einer Lebensnachstellung die Scheidungsklage zu gestatten. Die Scheidungsgründe des § 1444 werden kaum jemals dem anderen Ehegatten so lange unbekannt bleiben.

8. Bei der Ehescheidung tritt der Mangel des Entwurfs, daß er die Fragen des internationalen Rechtes unberührt läßt, wieder besonders lebhaft hervor. Die CPO. (§ 568) hat den deutschen Gerichten die Zuständigkeit in Ehesachen zugewiesen, wenn der Ehemann bei dem Gerichte „seinen allgemeinen Gerichtsstand", d. h. seinen Wohnsitz hat. Darnach können auch Ehescheidungsklagen fremder Staatsangehörigen vor die deutschen Gerichte gebracht werden. Nach welchen Grundsätzen sind nun solche Klagen zu beurtheilen? Nach den Grundsätzen des deutschen oder des fremden Ehescheidungsrechts? Die Schwierigkeiten, die sich an diese Frage in der Praxis geknüpft haben und die daraus hervorgehenden Mißstände sind zu bekannt, als daß sie hier noch besonders ausgeführt werden müßten. Meiner Ansicht nach kann jede Ehe nur nach dem Eherecht des Landes, dem die Ehegatten angehören, beurtheilt werden; jedoch mit der Beschränkung, daß jedes Gericht zugleich die prohibitiven Gesetze seines eigenen Landes zu wahren hat. Beurtheilen wir Fremde nach diesseitigem Eherecht, so haben wir zu gewärtigen, daß auch deutsche Unterthanen, die außerhalb Deutschlands wohnen, nach auswärtigem Eherecht beurtheilt werden. Am einfachsten würde freilich die Frage sich lösen, wenn man den Fehler der CPO. dahin verbesserte, daß die Zuständigkeit in Ehescheidungssachen nicht durch den Wohnsitz, sondern durch die Staatsangehörigkeit bestimmt werde.

Zu § 1502.

Man kann dem Grundsatz, daß der elterliche Nießbrauch an dem Vermögen des Kindes mit eintretender Volljährigkeit sich beende, wohl beistimmen. Derselbe bedarf aber einer gewissen Beschränkung, deren Nothwendigkeit ich auch den Motiven S. 727 gegenüber vertheidigen muß. So lange das Kind im elterlichen Hause bleibt und dort unter Belassung seines Vermögens in den Händen des Vaters oder der Mutter als Familienglied lebt, muß man annehmen, daß es stillschweigend auch in die Fortdauer des elterlichen Nießbrauchs einwilligt. Es wird dies namentlich oft bei Töchtern eintreten, welche auch nach erlangter Volljährigkeit nicht daran denken, das elterliche Haus zu verlassen und die Vortheile, welche ihnen aus der Zugehörigkeit zu der elterlichen Familie erwachsen, aufzugeben. Dann darf es ihnen aber auch nicht gestattet sein, nachträglich über die Einkünfte ihres Vermögens Rechnungsablage zu begehren. Man denke, daß eine solche Tochter bis zum 36. Jahre im elterlichen Hause gelebt hat, dann sich noch verheirathet, im ersten Wochenbett stirbt, und nun der Schwiegersohn als Vertreter seines Kindes wider den Vater die Zinsen des Vermögens seiner verstorbenen Frau von 15 Jahren einklagt, gegen welche dieser dann die Kosten der Unterhaltung seiner Tochter in Aufrechnung bringen darf. Welch ein Proceß! Solche Streitigkeiten dürfen nicht aufkommen. Man lege den Eltern die Pflicht auf, dem Kinde, wenn es das väterliche Haus verläßt, sein Vermögen herauszugeben. Man mag auch dem Kinde das Recht geben, selbst wenn es im Hause bleibt, sein Vermögen zur selbständigen Verwaltung herausgegeben zu verlangen. Thut es das, so wissen wenigstens die Eltern, woran sie sind. Hat es aber stillgeschwiegen und im Hause fortgelebt, dann muß man annehmen, es hat auch unter den nämlichen Bedingungen, wie bisher, fortleben wollen, und es kann nicht nachträglich eine Auseinandersetzung darüber begehren, ob und inwieweit die Einkünfte seines Vermögens von den Kosten seiner Unterhaltung gedeckt worden seien.

Man könnte vielleicht ein Bedenken hiergegen daraus entnehmen, daß den Eltern bis zum 25. Lebensjahr des Kindes die Einwilligung zu einer Verheirathung zustehen soll, und daß eigennützige Eltern aus dem Bestreben, den Nießbrauch fortzubeziehen, böslicherweise diese Einwilligung verweigern könnten. Dieses Bedenken wird jedoch auch schon durch den § 1536 wachgerufen. Es tritt aber auch zurück gegen die gesammte Sachlage. Steht dem Kinde die Klage auf richterliche Ergänzung[1]) der Einwilligung zur Heirath zu, und kann überdies das volljährige Kind jederzeit sein Vermögen herausverlangen, so hat das Kind gegen eine Heirathsverweigerung, bei welcher habsüchtige Beweggründe eine Rolle spielen sollten, genügenden Schutz.

Zu § 1571.

So lange die Mutter des unehelichen Kindes lebt und ihr in erster Linie die Unterhaltung desselben obliegt, halte ich es für natürlicher, den Anspruch auf Alimente wider den Vater, statt ihn dem Kinde persönlich zuzuweisen, als einen Anspruch der Mutter auf eine Beisteuer zur Unterhaltung des Kindes zu behandeln. Alle die Fragen, um welche es sich in einem solchen Proceß zu handeln pflegt, spielen zwischen der Mutter und dem als Vater Belangten, während der Vormund des Kindes, wenn er zur Proceßpartei gemacht wird, nur weiß, was er von der Mutter gehört hat. Die Motive, welche (S. 875) diese Frage erörtern, finden einen Trost darin, daß ja die Mutter nach der neuen CPO. als Zeugin vernommen werden könne. Aber damit ist ihr eine ganz unnatürliche Stellung im Proceß zugewiesen. Sie ist, das fühlt Jeder, die eigentliche Proceßpartei. So namentlich auch, wenn es sich darum handelt, durch einen Vergleich den Proceß zu erledigen. Was kann der Vormund dabei sagen? Die Mutter muß wissen,

---

[1]) So, wie § 32 des RG. vom 6. Febr. 1875 richtig besagt, und nicht auf „Ertheilung der Einwilligung", wie § 1238 des Entwurfs es ausdrückt, sollte die Klage und Verurtheilung formulirt werden. Dann wird die Beschreitung einer Hilfsvollstreckungsinstanz überflüssig.

ob sie nach Lage der Verhältnisse wohlthut, einen Vergleich einzugehen.

Dazu kommt aber noch die äußere Unzuträglichkeit, daß durch diese Sachbehandlung der Proceß verdoppelt wird. Denn neben dem Anspruch des Kindes steht nun der Anspruch der Mutter aus § 1577, und beide Ansprüche können nicht einmal in einem Proceß verbunden werden. Auch ein Stück Alimentenanspruch wird regelmäßig auf die Mutter übergehen, wenn man anders, was ich für gerecht halte, ihr für die Vergangenheit, während welcher sie das Kind unterhalten hat, einen Ersatz der geleisteten Unterhaltungskosten gewährt. Nur selten wird eine Alimentenklage sofort nach der Geburt des Kindes erhoben. Regelmäßig ziehen sich die Verhandlungen darüber längere Zeit hin. Kommt es nun z. B. nach zwei Jahren zur Klagerhebung, dann steht die Klage für die Zukunft dem Vormund, die Klage für die Vergangenheit der Mutter zu. Beide Ansprüche müssen in getrennten Processen verhandelt werden. Wer nun weiß, welche gehässige Empfindungen durch solche Schwängerungsprocesse in unserem Volke wachgerufen werden, der wird es gewiß nicht gleichgültig finden, wenn in jeder Sache der Proceß sich verdoppelt.

Daß mit dem Tod der Mutter der Anspruch auf das Kind übergeht, versteht sich von selbst.

Zu § 1573.

Wenn der Entwurf in dem Satze, daß der Vater dem Kinde „nothdürftigen Unterhalt“ zu gewähren habe, die Formel gefunden zu haben glaubt, durch welche sich alle Schwierigkeiten erledigen, so dürfte dies auf einer Täuschung beruhen. Die Motive (S. 881) erklären als nothdürftigen Unterhalt „dasjenige, was das Kind, je nach seinem Alter, ohne Rücksicht auf eine bestimmte Lebensstellung braucht“. Das Kind hat aber gar keine Lebensstellung, sondern nur die Mutter hat eine solche, und sie wird ihr Kind dieser Lebensstellung entsprechend erziehen wollen. Soll nun im

Sinne des Entwurfs auch diese Lebensstellung der Mutter auf den zu gewährenden Unterhalt ohne Einfluß bleiben? Dann wäre also der nothdürftige Unterhalt immer nur dasjenige, womit ein Kind des Proletariats erhalten werden kann.

Die große Mehrzahl der unehelichen Geburten gehört freilich diesem Stande an. Gerade deshalb, weil dieser Fall bei weitem der häufigste ist, stellt sich die Frage als dringend heraus: Wie viel ist denn nun in einem solchen Falle dem Kinde als „nothdürftiger Unterhalt" zuzusprechen? Bleibt diese Frage dem richterlichen Ermessen überlassen, so kann es vorkommen, daß bei demselben Gerichte unter ganz gleichen Verhältnissen, je nachdem der Richter A. oder der Richter Z. zu Gericht sitzt, dem einen Kinde eine Rente von jährlich 60 Mark und dem andern eine Rente von 180 Mark zugesprochen wird. Nun gebe ich zu, daß der als nothdürftiger Unterhalt zu leistende Betrag nicht wohl für ganz Deutschland übereinstimmend festgesetzt werden kann. Wohl aber ließe sich fragen, ob es nicht wohlgethan sei, den Landesgesetzgebungen zu überlassen, einen solchen, für die geringsten Verhältnisse zu leistenden Betrag zu bestimmen. In den größeren Staaten würde es vielleicht sich empfehlen, diesen Betrag provinziell verschieden zu ordnen. Bleibt derselbe aber völlig unbestimmt, so wird die Frage des zuzuerkennenden Betrags in jedem Proceß ein Gegenstand unendlichen Streites werden und eine Verschiedenheit in der Zuerkennung zur Folge haben, welche mit der Gerechtigkeit nicht vereinbar ist.

Ebenso wäre es wünschenswerth, daß der Betrag, welchen die Mutter (nach § 1577) an Kindbettskosten geringsten Falles zu fordern hat, von vornherein fixirt werde.

Zu § 1577

ist noch zu bemerken, daß der Entwurf den bisher fast überall in Deutschland bestehenden sog. Deflorationsanspruch stillschweigend beseitigen will (Motive S. 912). Ueber die Frage, ob ein solcher Anspruch durch innere Gründe sich rechtfertige, läßt sich ja un=

endlich streiten. Ich möchte mich aber dahin aussprechen, daß ich den Anspruch nicht aufgegeben haben würde. Mag man auch in einem solchen Falle das Verschulden auf beiden Seiten für gleich halten, so besteht doch immer der Unterschied, daß der Mann aus einem solchen Handel quasi re bene gesta ohne Schaden hervorgeht, während die Frau in der Regel zeitlebens unglücklich gemacht ist. Da halte ich es für billig, daß wenigstens der der Frau zugefügte materielle Schaden so weit wie thunlich durch eine Geldleistung des Mannes ausgeglichen werde. Ich glaube, daß dies auch der weit überwiegenden Rechtsanschauung im deutschen Volke entspricht.

Zu § 1580.

Mag man immerhin sagen, daß die Anerkennung der Vaterschaft für die Legitimation keine constitutive Bedeutung habe, so wird sie doch in der ungeheuren Mehrzahl der Fälle für dieselbe das entscheidende Moment bleiben; und zwar aus dem einfachen Grunde, weil sie klar vorliegt, das die wirkliche Vaterschaft begründende Moment aber in Dunkel gehüllt ist.

Gesetzt, der Ehemann erkennt, ohne Widerspruch seiner Frau, das Kind als das seine an. Soll das nun zur Annahme der Legitimation ausreichen oder nicht? Vor diese Frage ist z. B. der Vormundschaftsrichter gestellt, wenn er (nach § 1703) entscheiden muß, ob die bisherige Vormundschaft über das Kind fortbestehen soll oder nicht. Gesetzt, er sagt: „Die Anerkennung genügt nicht, es muß nach § 1580 auch bewiesen werden, daß der Ehemann während der betreffenden Zeit mit der Mutter zu thun gehabt." Wie soll denn nun dieser Beweis erbracht werden? Man pflegt doch nicht zu dem betreffenden Act Zeugen zuzuziehen. Wenn das Geständnis der Eltern nicht genügt, so ist dieser Beweis unmöglich. Der Richter muß also mit der Anerkennung sich genügen lassen, wenn nicht Umstände vorliegen, welche positiv den Gegenbeweis erbringen; z. B. wenn der Ehemann zu der betreffenden Zeit an einem fernen Orte gelebt hätte.

Denken wir uns umgekehrt, daß der Ehemann die Anerkennung des Kindes ablehnte. Dann würde vielleicht die Mutter auf Feststellung der Vaterschaft klagen können. Nicht unbedenklich aber ist es, Dritten, selbst auch dem Kinde, in Widerspruch mit beiden Eltern diese Klage zu geben, und sie lediglich durch den Beweis des Beischlafs zu der betreffenden Zeit für begründet zu erachten. Hier wirft sich namentlich auch die Frage auf: soll der Ehemann kraft dieses gegen ihn geführten Beweises selbst dann als Vater gelten, wenn bereits ein Anderer durch Proceß oder Vereinbarung mit der Mutter als Vater festgestellt ist?

Jedenfalls würde es praktisch sich empfehlen, neben dem § 1580 einen Satz folgenden Inhalts aufzunehmen:

Erkennt der Ehemann ohne Widerspruch der Mutter das Kind als das seine an, so genügt dies für die Annahme der Legitimation bis zur Erbringung des Beweises, daß der Ehemann in der betreffenden Zeit nicht den Beischlaf mit der Mutter vollzogen habe.

Die Gefahr, daß dadurch unrechtmäßig eine väterliche Gewalt begründet werden könnte, ist nicht so groß.

Zu § 1865.

Der Entwurf will das Recht des Vermächtnisnehmers auf einen persönlichen Anspruch wider den Erben beschränken. Ich halte das nicht für gerechtfertigt. Dem Erblasser ist der, welchen er mit einem Vermächtnis bedenkt, gerade so lieb, wie der Erbe, und es ist kein Grund, anzunehmen, daß er das Recht des ersteren minder sicher habe stellen wollen. Die Gründe, aus welchen die Motive (S. 134 f.) eine solche Construction des Verhältnisses für nothwendig erachten, erscheinen unzureichend. Es ist nicht richtig, daß das „Vindicationslegat“ sich mit dem Grundbuchsystem nicht vereinigen lasse. Wird, wie dies nothwendig ist, sowohl die Besitznahme der Sache als die Ueberschreibung auf den Namen des Vermächtnisnehmers an die Zustimmung des Erben geknüpft, dann ist keine Gefahr vorhanden, daß der Vermächtnisnehmer vorzeitig die Sache dem Nachlaß entziehe. Ist die Besorgnis begründet, daß der Nachlaß überschuldet und deshalb das Vermächtnis unwirksam sei, so kann der Erbe die Sache zurückhalten, bis die Verhältnisse geordnet sind. Dann kann der Vermächtnisnehmer nicht zum Nachtheil des Erben über die Sache verfügen. Andrerseits ist aber auch, wenn man den Vermächtnisnehmer als Eigenthümer anerkennt, der Erbe gehindert, zu dessen Nachtheil über die Sache zu verfügen. Und das fordert die Gerechtigkeit.

Zu § 1913.

In ganz Deutschland ist, wie ich glaube, die Sitte verbreitet und auch in den Verhältnissen tief begründet, daß Eheleute ein gemeinsames Testament machen. Tritt das Gesetz dieser Sitte entgegen, so wird das lebhaft mißempfunden werden, schon wegen der darin liegenden Nöthigung, für ein doppeltes Testament auch doppelte Kosten zu bezahlen. Die Zulassung des gemeinsamen Testamentes der Eheleute würde freilich einige gesetzliche Bestimmungen über das Verhältnis der beiderseitigen Anordnungen nöthig machen.

Dabei will ich noch (zu § 1911) bemerken, daß z. B. in Kurhessen seit undenklicher Zeit es zulässig ist, ein Testament auch durch einen Specialbevollmächtigten bei Gericht zu überreichen, und daß ich nie von irgend einem Mißstande, der daraus erwachsen wäre, gehört habe. Die Beseitigung dieses Rechts wird namentlich für Frauen die Errichtung eines Testaments sehr erschweren.

Zu S. 289 f. der Motive.

Den von den Motiven „abgelehnten Formerleichterungen" gegenüber möchte ich nur für die sog. Nachzettel ein Wort einlegen. Die Zulassung derselben würde einem weit empfundenen Bedürfnis entsprechen. Damit sie ungefährlich bleiben, könnte man sie auf gewisse minder bedeutende Anordnungen (geringfügige Vermächtnisse ꝛc.) beschränken. Um das Bedürfnis zu verstehen, kann man sich die Abneigung vieler Menschen, vor Gericht zu gehen und Gerichtskosten zu bezahlen, gar nicht stark genug denken.

Zu § 1968 f.

Das Parentelsystem, welches der Entwurf der gesetzlichen Erbfolge zu Grunde legen will, empfiehlt sich als das einfachste und natürlichste. Ganz unverständlich aber ist es, weshalb der Entwurf dieses System schon bei der zweitälteren Generation wieder verlassen und ein anderes System an die Stelle setzen will. Daß durch eine weitere Fortführung des Parentelsystems möglicherweise die Erbschaft sehr zersplittert werden würde und eine übergroße Zahl von Miterben betheiligt sein könnte, ist doch wahrlich kein Grund, ein System anzunehmen, von dem die Motive selbst (S. 365) anerkennen und durch schlagende Beispiele belegen, daß es unter Umständen zu den größten Ungerechtigkeiten führt. So viel werden doch unsere Juristen noch rechnen können, daß sie auch bei einer größeren Zahl Erben den Antheil eines jeden auszurechnen im Stande sind. Und die „Zersplitterung der Erbschaft" kann unter den heutigen Verhältnissen der Geldwirthschaft auch keine ernstlichen Schwierigkeiten bereiten. Also weshalb an die Stelle eines folgerichtigen und vernünftigen Systems ein ganz willkürliches anderes setzen? Auch Mommsen (Entwurf eines Erbrechts) weicht von dem Parentelsystem nicht ab und stellt für dessen Durchführung richtige Sätze auf.

Daß der Entwurf vom juristischen Standpunkt aus nicht den Versuch gemacht hat, das Erbrecht der Verwandten zu begrenzen, kann man ihm nicht zum Vorwurf machen. In der That spielen bei dieser Frage socialpolitische Gesichtspunkte wesentlich herein. Aber die politischen Factoren, welche bei dem Gesetze mitzuwirken haben, sollten doch die Frage nicht außer Acht lassen. Meiner Ansicht nach sollte man das Erbrecht der Verwandten bei den Urgroßeltern, äußersten Falles bei den Ururgroßeltern, abschließen. Wo Verwandte innerhalb dieser Grenze nicht vorhanden sind, sollte das Vermögen halb der Gemeinde, halb dem Staate, welchem der Verstorbene angehörte, zufallen. Daß deshalb auch die Testirfreiheit beschränkt werden müßte, vermag ich nicht einzusehen.

Zu § 1971.

Es entspricht ohne Zweifel der deutschen Auffassung von dem Wesen der Ehe, daß, wenn Vermögen in der Ehe vorhanden ist, bei dem Tode eines der Ehegatten der Ueberlebende nicht in Dürftigkeit aus der Ehe hervorgeht. Die Frage ist nur die, wie am besten das Recht des überlebenden Ehegatten zu ordnen sei. Hierfür lassen sich sehr verschiedene Wege denken, und es würde schwer sein, für irgend einen derselben einen unbedingten Vorzug in Anspruch zu nehmen. Es spielt dabei auch ein gewisses natürliches Gefühl mit herein.

Der Entwurf will die Sache so ordnen, daß er dem überlebenden Ehegatten, je nachdem er mit Kindern, mit Verwandten der ersten Linie oder mit entfernteren Verwandten concurrirt, ein Viertheil, die Hälfte oder das Ganze der Erbschaft des verstorbenen zuweist[1]). Die Hälfte dieser Antheile soll dem Ehegatten auch als Pflichttheil zustehen. Es läßt sich nicht läugnen, daß eine solche Zuweisung den Vorzug der Einfachheit für sich hat. Meiner Ansicht nach entspricht sie aber nicht dem deutschen Sinne, welcher, bei aller Rücksichtnahme für den überlebenden Ehegatten, doch das Vermögen vorzugsweise der Familie erhalten wissen will. Ueberdies führt das Erbrecht der Ehegatten, wenn mehrere Ehen eingegangen sind, leicht zu einer ungleichen Vertheilung des Vermögens unter die Kinder, namentlich zu einer Beeinträchtigung der Kinder früherer Ehen. Denken wir, daß ein Mann, der selbst 9000 *M.* Vermögen hat, nach einander zwei Frauen heirathet, deren jede 12000 *M.* Vermögen hat, und daß aus jeder dieser Ehen 3 Kinder entstehen. Dann müßte es jedem dieser Kinder an mütterlichem Vermögen 4000 *M.*, an väterlichem 1500 *M.*, zusammen also 5500 *M.* ertragen. Nach dem Entwurf stellt sich aber das Verhältnis folgendermaßen. Mit dem Tode der ersten Frau fällt ein Vierttheil des Vermögens (3000 *M.*) an den Mann.

[1]) Mommsen a. a. O. will gleichfalls dem Ehegatten eine bestimmte Erbschaftsquote zuweisen, beschränkt diese aber auf ein Viertheil, ein Drittheil oder die Hälfte.

Die 3 Kinder haben also nur 9000 *M.* mütterliches Vermögen zu vertheilen und erhalten je 3000 *M.* Stirbt hierauf, nachdem er sich wieder verheirathet hat, der Mann, so hinterläßt er nunmehr (9000 + 3000 =) 12000 *M.* Davon fällt wieder ein Vierttheil (3000 *M.*) an die zweite Frau. Die 6 Kinder haben also nur 9000 *M.* väterliches Vermögen unter sich zu theilen und jedes erhält 1500 *M.* Stirbt dann die zweite Frau, so hinterläßt diese nunmehr (12000 + 3000 =) 15000 *M.*, und darein theilen sich ihre 3 Kinder mit je 5000 *M.* Es erhalten also statt der oben berechneten 5500 *M.* die Kinder erster Ehe nur (3000 + 1500 =) 4500 *M.*, dagegen die Kinder zweiter Ehe (1500 + 5000 =) 6500 *M.* Durch die jedesmalige Beerbung des sterbenden von dem überlebenden Ehegatten sind 3000 *M.* aus dem mütterlichen Vermögen der Kinder erster Ehe in das mütterliche Vermögen der Kinder zweiter Ehe herübergezaubert worden. Entspricht das wohl der Gerechtigkeit?

Das, was man im Sinne der Ehe liegend annehmen kann, besteht darin, daß, soweit die Vermögensverhältnisse in Betracht kommen, der überlebende Ehegatte wenigstens annähernd so fortleben könne, wie er bisher in der Ehe gelebt hat. Diesem Bedürfnisse würde es entsprechen, wenn man ihm den Nießbrauch von der Hälfte des gesammten Ehevermögens zuwiese. Darnach würde sich die Sache folgendermaßen gestalten. Umfaßt das Vermögen, welches der überlebende Ehegatte als sein Eigenthum aus der Ehe herauszieht, schon die Hälfte oder mehr als die Hälfte des Ehevermögens, so würde ihm ein Nießbrauch gar nicht zuzuweisen sein. Umfaßt aber das eigene Vermögen des Ueberlebenden weniger als die Hälfte, denn wären ihm die Nutzungen eines Vermögenstheiles, welcher zur Ergänzung der Hälfte des Ehevermögens dienen würde, zuzuweisen. Damit würde dem wahren Bedürfnis genügt sein.

Man kann vielleicht gegen einen solchen Nießbrauch anführen, daß dadurch stets ein einigermaßen verwickeltes Rechtsverhältnis herbeigeführt werde. Ich kann diesen Gegengrund nicht für durchschlagend halten. In heutigen Verhältnissen, wo es nicht schwer ist, Kapitalbestände völlig sicher zu stellen, macht die Errichtung eines Nießbrauchs viel weniger Schwierigkeit, als in früheren Zeiten.

Aber auch wenn man dem überlebenden Ehegatten eine Quote der Erbschaft als Eigenthum zuweisen will, halte ich es nicht für gerechtfertigt, diese Quote auch auf das Vermögen auszudehnen, welches er schon kraft Gütergemeinschaft mit den Erben des andern Ehegatten theilt. Soll aber — wie die Motive IV S. 159 andeuten — bei dem „gesetzlichen Güterstande" das Erbrecht der Ehegatten einen Ersatz für die Ausschließung der Ehefrau von dem ehelichen Erwerbe abgeben, dann müßte man dieses Erbrecht auf die Frau beschränken und es nicht zugleich dem Manne zuweisen.

Auch hier wieder macht sich die Lücke fühlbar, daß der Entwurf das bäuerliche Recht ganz außer Acht läßt. Soll die Ehefrau, deren Existenz durch Auszug oder Einsitz im Gute gesichert ist, daneben auch noch ein Erbrecht in das Vermögen des Mannes haben?

Nach § 2068

soll ein Erbschein dem gesetzlichen Erben ertheilt werden. Nun kann aber nach dem Entwurf mit der gesetzlichen Erbfolge eine testamentarische concurriren (§ 1790). Wo dergleichen vorliegt, müßte es doch aus dem Erbschein erhellen. Die Worte „in welchem Umfange" ließen sich auch bloß von dem Umfange der gesetzlichen Berufung zur Erbschaft verstehen. Meiner Ansicht nach müßte, wo eine testamentarische, das Recht des gesetzlichen Erben beschränkende Verfügung vorhanden ist, diese jederzeit im Erbschein erwähnt werden, und es wäre rathsam, dies ausdrücklich vorzuschreiben.

Zu § 2077 Abs. 2.

„Unentgeltlich Erwerbende den unredlicherweise Erwerbenden gleichzustellen, fehlt es an jedem Anlaß", sagen die Motive S. 591. Es ist dies die nämliche Anschauung, der wir schon einmal bei

§ 837 begegnet sind. Ich halte dieselbe für nicht berechtigt. Wenn der falsche Erbe auf Grund seines Erbscheins sich von einem Erbschaftsschuldner hat bezahlen lassen, so fordert der Schutz des gutgläubigen Verkehrs, daß der Schuldner nicht weiter haftet. Hat jener aber die Forderung dem Schuldner geschenkt, so liegt kein Grund vor, diese unberechtigte Handlung zum Nachtheil des wahren Erben aufrecht zu halten. Das preußische Gesetz vom 12. März 1869 § 6 Abs. 2 hat, übereinstimmend mit dem Landrecht, hier den richtigen Grundsatz aufgestellt.

Zu § 2080 f.

Das erste Recht des Erben besteht darin, daß er allein befugt ist, von dem Nachlaß, d. h. dem gesammten Besitzstande des Verstorbenen, Besitz zu ergreifen. Jeder, der, ohne Erbe zu sein, in den Nachlaß eingreift, verletzt die Rechte des Erben als solchen, ohne Rücksicht darauf, ob er etwa materiell ein Recht auf die Sache hat. Denn auch der Besitzstand eines Todten soll in gleicher Weise, wie der eines Lebenden, geschützt sein. Die Klage, die dem Erben zum Schutze dieses seines Rechtes zusteht, ist die Erbschaftsklage. Das Charakteristische dieser Klage, wie sie gemeinrechtlich sich ausgebildet hat, besteht darin, daß derjenige, welchem ein Eingriff in die Erbschaft nachgewiesen wird, nicht allein verurtheilt wird, diejenigen Gegenstände herauszugeben, bezüglich deren der Beweis des Eingriffs speziell geführt ist, sondern daß gegen ihn eine allgemeine Verurtheilung ergeht, alles herauszugeben, was er aus der Erschaft in Händen hat; daß er selbst auch dieses zu verzeichnen und die Vollständigkeit seiner Verzeichnung eidlich zu erhärten hat. Der Grund dieser weitgehenden Verurtheilung liegt darin, daß einestheils der Erbe nicht wissen kann, was in der Erbschaft begriffen ist, anderntheils ein ruhender Nachlaß für Eingriffe Unberufener sehr verführerisch ist. Wer daher in die Erbschaft eingegriffen hat, einerlei, ob in dem Glauben oder unter dem Vorwande, Erbe zu sein, oder ohne Anspruchnahme eines eigenen Erbrechts, ist verdächtig, überhaupt mit der Erbschaft sich befaßt und noch mehr als das speziell Nachgewiesene an sich genommen zu haben.

Einem gleichen Verdacht unterliegt auch derjenige, der einen Erbschaftsanspruch zu erfüllen verweigert, weil er selbst Erbe zu sein behauptet. Auch er greift damit gewissermaßen in die Erbschaft ein und unterliegt deshalb der Erbschaftsklage. Wer aus anderen Gründen einen Erbschaftsanspruch zu erfüllen verweigert, unterliegt natürlich nicht diesem Verdacht; und deshalb findet nur die gewöhnliche auf Erfüllung des Anspruchs gerichtete Klage (die sog. Spezialklage) gegen ihn statt.

Die gemeinrechtliche Praxis geht noch weiter. In Übereinstimmung mit einer Vorschrift der preuß. AGO. I 22 § 29 erachtet sie auch denjenigen, welcher zur Zeit des Todes sich in der Behausung des Erblassers aufgehalten hat, genügend verdächtig, um den Offenbarungseid von ihm zu fordern. Die Klage auf solchen ist nichts anderes als eine Erbschaftsklage, gerichtet auf diejenigen Gegenstände, die der Verklagte, durch den Eid genöthigt, als in seinem Besitz befindlich offenbaren werde.

Nun ist ja gewiß anzuerkennen, daß der Entwurf die Erbschaftsklage überhaupt aufgenommen hat. Aber ich möchte doch fragen, ob aus seinen Bestimmungen das Recht derselben, so wie ich es soeben klar darzustellen gesucht habe, herausgelesen werden kann? Ich bezweifle es.

Nach § 2080 soll die Erbschaftsklage sich gegen denjenigen richten, welcher „auf Grund eines von ihm in Anspruch genommenen Erbrechts“ dem Erben einen Erschaftsgegenstand vorenthält. Die Motive (S. 578) bemerken dazu: der Entwurf lehne es ab, zu bestimmen, daß auch derjenige mit der Erbschaftsklage belangt werden könne, welcher pro possessore Erbschaftssachen besitze. Es sei erforderlich, daß der dem fremden Rechte Zuwiderhandelnde mit Rücksicht auf ein Erbrecht handle, welches er sich selbst zuschreibe. Ohne ein derartiges subjektives Moment lasse sich die Beeinträchtigung des Erbrechts nicht von der Beeinträchtigung der Einzelrechte unterscheiden. Das führe auch zu keinen

Schwierigkeiten. Habe jemand Erbschaftssachen hinter sich, ohne über den Grund seines Verhaltens Auskunft zu geben, so erfahre sein Verhalten die mildeste Auslegung, wenn es als Anmaßung des Erbrechts ausgelegt werde. Diese Auslegung liege so nahe, daß Vorschriften darüber entbehrlich seien.

Also im Wege der milden Auslegung soll derjenige, welcher keinen Grund für sein Eingreifen in die Erbschaft angeben kann, so angesehen werden, als ob er „ein Erbrecht in Anspruch nehme." Damit ist ja aber diese Voraussetzung der Erbschaftsklage in Wahrheit schon aufgegeben. Warum hat man sie dann doch noch in das Gesetz hineingeschrieben? Und wie, wenn nun der Verklagte ausdrücklich erklärt, kein Erbrecht in Anspruch zu nehmen? Dann kann doch auch im Wege der mildesten Auslegung nicht geholfen werden. Der Kläger wird nach dem Entwurf unbarmherzig abgewiesen; abgewiesen demjenigen gegenüber, welcher am frechsten sein Recht verhöhnt.

Noch eine andere Ausdehnung der Erbschaftsklage lehnen die Motive (S. 579) ab. Hat ein Nichterbe die Erbschaft verkauft, so soll die Erbschaftsklage des wirklichen Erben doch nicht gegen den Erbschaftskäufer, sondern nur gegen den Verkäufer gerichtet werden können. Ein durchaus unpraktischer Gedanke! Der Erbschaftskäufer, der ganz in das vom Verkäufer beanspruchte Erbrecht eintritt, muß sich natürlich die Erbschaftsklage in gleicher Weise gefallen lassen, wie der erste Erbschaftsprätendent. Wie soll denn der Erbe die Erbschaft bekommen, wenn dieser sie gar nicht mehr besitzt?

Es folgt dann der § 2081 mit seinen überaus geschrobenen Definitionen von „Erbschaftsgegenständen", deren Vorenthaltung die Erbschaftsklage begründen soll. Ich möchte glauben, die Sache hätte sich viel einfacher sagen lassen.

In dem Weiteren geht nun der Entwurf durchweg von dem Gedanken aus, daß der Verklagte selbst Erbe sein wolle und als solcher gehandelt habe. Dabei aber sollen auch noch Einwendungen aller Art dem Verklagten zu Gebote stehn. Die Motive (S. 581) sagen: „Der Entwurf bestimme keinerlei Beschränkungen, wie solche im Falle der Besitzklagen vorgeschrieben seien. Der Erbschaftsbesitzer könne sich aller Einwendungen bedienen, welche den geltendgemachten Herausgabeanspruch ungerechtfertigt erscheinen lassen." Das heißt also: der Erbschaftsbesitzer, der in die Erbschaft eingegriffen hat, kann einredeweise geltend machen, daß er ein materielles Recht auf die Sache habe, daß er z. B. Eigenthümer sei, oder daß ihm ein obligatorischer Anspruch auf Herausgabe derselben zustehe. Darnach ist mit dem Tode eines Menschen das Zeichen gegeben, daß jeder wegen aller Ansprüche, die er zu haben glaubt, sich eigenmächtig aus dem Nachlaß befriedigen könne. Ein Recht des Erben auf Erhaltung der Integrität des Nachlasses wird nicht anerkannt. Ist das wohl mit einem geordneten Rechtszustand vereinbar?

Charakteristisch ist noch, was die Motive S. 587 sagen: „Demjenigen, welcher, ohne die Erbschaft in Anspruch zu nehmen, einen Nachlaßgegenstand von dem Erben in Besitz genommen, die Manifestationspflicht aufzulegen, sei für bedenklich gehalten. Sonst würde ja auch der Dieb und der Räuber für manifestationspflichtig zu erklären sein." Als ob das ein Unglück wäre!

Vor kurzem starb bei Kassel eine alleinlebende Frau, die einiges Vermögen besaß. Bei ihrem Tode fanden sich die guten Freunde aus dem Hause und aus der Nachbarschaft ein und plünderten, sobald sie die Augen geschlossen hatte, unter allerlei Vorwänden — keiner beanspruchte freilich Erbe zu sein — den Nachlaß aus. Sie wurden deshalb vor Gericht gestellt und (nach dem oben S. 513 angeführten Präjudiz) wegen „Unterschlagung" gestraft. Es waren aber noch weit mehr Sachen abhanden gekommen, als durch die Untersuchung festgestellt war. Wer hatte sie genommen? Ich weiß nicht, ob die Erben deshalb Schritte gethan haben. Aber ich bin nicht zweifelhaft, daß es der Gerechtigkeit entsprochen hätte, wenn jeder der Betheiligten angehalten wäre, das von ihm Weggenommene zu verzeichnen und die Vollständigkeit seiner Angabe zu beschwören. Das ist das Recht des Erben, und dazu dient ihm die Erbschaftsklage.

Natürlich beseitigt der Entwurf auch die Manifestationspflicht der im Sterbehaus anwesend Gewesenen.

Die ganze Aufstellung des Entwurfs ist für das praktische Bedürfnis durchaus unbefriedigend.

Zu § 2092 f.

„Inventarrecht" nennt der Entwurf das Recht, das er, abweichend von den bestehenden Rechten, dem Erben verleihen will, auch ohne Inventarerrichtung die Schulden der Erbschaft nicht voll zu bezahlen. Es ist also eine Benennung nach Analogie von lucus a non lucendo[1]).

Der Satz des bestehenden Rechtes, daß der Erbe ohne Rücksicht auf den Bestand der Erbschaft für Erbschaftsschulden zu haften habe, hat auf den ersten Blick etwas Auffälliges, und ich erinnere mich noch, daß, als ich Institutionen hörte, er mir vor den Kopf stieß. Erst später ist mir klar geworden, daß dieser Satz, an dem die Römer alle Jahrhunderte hindurch bis auf Justinian festhielten, doch einen tieferen Grund für sich hat. Der Erbe allein ist befugt, von dem Nachlaß Besitz zu ergreifen. Wer kann wissen, wenn er später erklärt: „Ich zahle keine Schulden mehr, weil der Nachlaß nicht ausreicht", was und wieviel er im Nachlaß gefunden hat und ob sein Vorgeben, daß der Nachlaß unzureichend sei, auf Wahrheit beruht? Der Erbe tritt die Erbschaft an, um einen Gewinn zu machen. Da kann man von ihm verlangen, daß er, soweit das Interesse Dritter in Betracht kommt, auch vorsichtig ist. Später unter seiner angeblichen Unvorsichtigkeit die Gläubiger Schaden leiden zu lassen, dazu liegt kein Grund vor. So mochten die Römer in ihrem strengen praktischen Rechtssinn denken, wenn sie an dem Satz festhielten, daß der Erbe für die Erbschaftsschulden unbedingt zu haften habe. Erst Justinian

---

[1]) Ein ohne Zweifel der Entstehung des Entwurfs nahestehender Artikel der „Nationalzeitung" vom 6. Juli sagte: man habe diese „ungenaue" Ausdrucksweise gewählt, um dadurch die Einführung des Gesetzbuchs zu erleichtern. Ein naives Geständnis!

glaubte eine gewisse Milderung eintreten lassen zu können. Er verordnete, daß, wenn der Erbe sich bereit erkläre, sofort über den Nachlaß ein Inventar zu errichten und wenn so der Bestand der Erbschaft von vornherein festgestellt werde, der Erbe nicht über diesen Bestand hinaus für die Schulden haften solle. Die Rechtfertigung dieser Anordnung konnte nur darin liegen, daß man annahm, durch die alsbald bei der Erbschaftsantretung erfolgte Inventarerrichtung werde in Wahrheit der Bestand der Erbschaft genügend sichergestellt und es verschwinde dabei die Gefahr, daß der Erbe erhebliche Theile der Erbschaft unbemerkt bei Seite schaffe.

Der Entwurf geht von einem ganz andern Gedanken aus. Man hat wahrgenommen, daß es Fälle gegeben hat, wo ein Erbe, der unvorsichtig ohne Inventarerrichtung die Erbschaft angetreten hat, in Schaden gekommen ist. Dem soll abgeholfen werden. Der Erbe soll von vornherein nur im Umfange des Bestandes der Erbschaft für die Schulden haften. Das ist das „Inventarrecht" des Erben. Wirklich ein Inventar errichten soll der Erbe aber nur dann, wenn auf Antrag eines Nachlaßgläubigers das Nachlaßgericht ihm die Errichtung eines solchen aufgibt. Das Inventar soll zwar von einer Behörde oder einem Beamten aufgenommen werden. Aber was in das Inventar hineingesetzt werden soll, ist lediglich Sache des Erben. „Ein Zwang zur Ertheilung der Auskunft, welchen die Behörde von Amtswegen ausüben könnte, ist nicht gewährt. Insbesondere ist dem betreffenden Organe nicht die Befugnis beigelegt, den Offenbarungseid zu fordern." (Motive S. 617)[1]. Auf unvollständige Verzeichnung ist keine andere Strafe gesetzt, als daß der Erbe, wenn er in der Absicht, die Nachlaßgläubiger zu benachtheiligen, einen Nachlaßgegenstand nicht aufnimmt, des Inventarrechtes verlustig gehen soll. Wie dieser schon an sich schwer beweisbare Umstand festgestellt werden soll, erhellt nicht.

[1]) Was die Motive S. 620 weiter über den Offenbarungseid sagen, habe ich trotz mehrmaliger Durchlesung nicht verstehen können.

Die Sache stellt sich hiernach so. Der Erbe tritt ganz unbekümmert um die Erbschaftschulden die Erbschaft an, wirthschaftet nach Belieben in dieser herum, bezahlt auch Gläubiger, so lange es ihm paßt. Da nach dem Entwurf auch die Legatare und Pflichtteilsberechtigten als „Nachlaßgläubiger" figuriren, so kann er auch diese ganz wohlgemuth ausbezahlen, ohne zu fragen, ob sie denn nach dem Bestande der Erbschaft wirklich ein Recht haben, irgend etwas zu bekommen. Melden sich nun aber Gläubiger, die ihm zu viel werden, so sagt er: „Ich bezahle nichts mehr,. denn der Nachlaß ist zu Ende." Dann darf ein solcher Gläubiger den Antrag stellen, daß dem Erben die Errichtung eines Inventars auferlegt werde. Was hat aber der Gläubiger davon? Der Erbe wird doch nicht so dumm sein, in das Inventar so viel Vermögen hineinzusetzen, daß er den Gläubiger, den er abgewiesen hat, noch bezahlen müßte. Welche Garantie hat nun der Gläubiger, daß das jetzt erst errichtete Inventar das Vermögen vollständig angibt? Schon dem Inventarrechte, wie es Justinian geordnet hat, läßt sich der Vorwurf machen, daß es unter den heutigen Verhältnissen, wo man mit einem einzigen Griff Werthe von vielen Tausenden (Inhaberpapiere 2c.) völlig unbemerkbar dem Nachlaß entfremden kann, keine zureichende Sicherstellung für den Bestand des Nachlasses enthalte. Aber immerhin gewährt es doch noch einige Sicherheit, wenn der Erbe gleich bei der Antretung die Inventarerrichtung beantragt und wenn dann der Nachlaß sofort unter gerichtliche Aufsicht genommen würde. Dagegen gewährt das Inventarrecht des Entwurfs den Gläubigern gar keine Sicherheit. Wenn der Erbe, nachdem er Monate, ja vielleicht Jahre lang ohne jede Controle mit der Erbschaft gewirthschaftet hat, noch erklären darf: „Ich bezahle die Schuld nicht, weil die Erbschaft nicht ausreicht", so kann Niemand wissen, ob und wie viel er von der Erbschaft still in die Tasche gesteckt hat. Damit ein unvorsichtiger Erbe vor Schaden bewahrt bleibe, öffnet der Entwurf einem betrügerischen Erben, der die Gläubiger um ihr Geld bringen will, Thür und Thor.

Sehen wir nun, wie die Sache weiter verlaufen soll[1]). Nehmen wir zunächst den Fall, daß nach § 2110 der Concurs eröffnet wird. Dann sollen (nach § 2111) die Verfügungen, die der Erbe über Nachlaßgegenstände getroffen hat, wirksam bleiben. (Die Erbschaftsgläubiger, Legatare, Pflichttheilsberechtigten, welche der Erbe voll ausbezahlt hat, behalten also ihr Geld, soweit nicht etwa § 25 der Conc.-O. eine Anfechtung gestattet.) Als Nachlaß gilt zwar das ganze hinterlassene Vermögen, und die Verfügungen des Erben über den Nachlaß sollen (nach § 2112) so angesehen werden, als ob der Erbe mit der Verwaltung des Nachlasses beauftragt gewesen wäre. Mit den Ansprüchen hieraus soll er aber (nach § 2113) als Massegläubiger gelten.

Die Sache stellt sich also folgendermaßen. Der Erbe hat bereits 10000 ℳ. Erbschaftsschulden bezahlt. Nun melden sich noch weitere Gläubiger mit Beträgen von zusammen 20000 ℳ. Da sagt der Erbe: Die Erbschaft beträgt nur 12000 ℳ.; ich bezahle also nur noch 2000 ℳ. Nun wird Concurs eröffnet. Das Vermögen wird mit 12000 ℳ. verzeichnet. Der Erbe darf geltend machen, daß er 10000 ℳ. davon schon an Gläubiger bezahlt hat. Müßte er dabei als Concursgläubiger mitrangiren, so würde es sämmtlichen Gläubigern 40 Procent tragen. Der Erbe würde also auf die von ihm bezahlten 10000 ℳ. nur 4000 ℳ. herausbekommen, und die übrigen 6000 ℳ. auf seine Tasche nehmen müssen. Nein! sagt der Entwurf, der Erbe muß „vor der Gefahr geschützt werden, daß er durch Annahme der Erbschaft in Verlust gerathe“. Der Erbe bekommt mithin als „Massengläubiger“ seine 10000 ℳ. voll ausbezahlt. Für die übrigen Gläubiger bleiben nur 2000 ℳ., und sie bekommen statt der 40 Procent, die es ihnen bei gleichmäßiger Vertheilung der Erbschaft ertragen hätte, nur 10 Procent.

Der zweite Vorwurf, der sich hiernach gegen das System des Entwurfs erhebt, besteht darin, daß er dem Erben gestattet, ganz

[1]) Ich bin freilich nicht sicher, ob ich den Entwurf richtig verstehe, da seine Bestimmungen nichts weniger als klar sind. Sollte ich ihn aber mißverstehen, so wird es Anderen in Zukunft wohl ebenso gehen.

nach Belieben die einen Gläubiger zu begünstigen und die andern zu benachtheiligen. Der Erbe müßte doch wenigstens verpflichtet sein, sobald er die Ueberschuldung des Nachlasses erkennt, die Concurseröffnung zu beantragen. Sonst macht er sich ganz desselben Vergehens schuldig, wie derjenige, der in Kenntnis seiner eigenen Ueberschuldung noch Veräußerungen vornimmt.

Aber nach dem Entwurf braucht nicht einmal die ordnungsmäßige Vertheilung des Nachlasses im Wege des Concursverfahrens eingeleitet zu werden. Der Erbe, der die Schulden nicht voll bezahlen will, kann es noch in anderer Weise machen. Er kann jedem einzelnen Gläubiger eine „Abzugseinrede" entgegensetzen. Er kann zu diesem Zwecke auch ein gerichtliches Aufgebot der Gläubiger erwirken. Wie nun die ganze Sache mit dieser „Abzugseinrede" sich gestalten soll, das ist so unklar gehalten, daß ich verzichte, darauf näher einzugehen. Es wird meiner Ansicht nach ein durchaus wirres Verfahren geben.

Ich bedauere, hier am Schlusse aussprechen zu müssen, daß das vom Entwurfe geschaffene „Inventarrecht", so wie es schon in seinem Namen eine Unwahrheit enthält, voraussichtlich auch in seiner Wirksamkeit die größten Mißstände zur Folge haben wird. Die ganze Aufstellung des Entwurfs hat keinen geschichtlichen Boden, ist vielmehr eine willkürliche Erfindung der gefährlichsten Art.

Indem ich hiermit meine Bemerkungen zu einzelnen Lehren und Bestimmungen des Entwurfs schließe, muß ich wiederholt betonen, daß diese Bemerkungen nicht auf einer vollständigen Durcharbeitung des Entwurfs beruhen, daß ich vielmehr zu erheblichen Theilen denselben nicht in seinen Einzelheiten geprüft habe und daher nicht sagen kann, ob und in welchem Maße noch weitere Bedenken gegen das, was er enthält und nicht enthält, begründet sind. Immerhin glaube ich, durch meine Bearbeitung in den Stand gesetzt zu sein, ein Urtheil über den Entwurf im Ganzen von meinem Standpunkt aus abzugeben.

Der Hauptvorwurf, der sich gegen den Entwurf erheben läßt, besteht darin, daß er, auch abgesehen von dem, was in ihm positiv fehlerhaft ist, nach Form und Inhalt einen allzu doctrinären Charakter hat. Vieles darin wird nicht allein von den Laien, sondern auch von den gewöhnlichen Juristen gar nicht verstanden werden. Manches scheint auch wirklich des praktischen Untergrundes zu entbehren. Auch in den Motiven finden wir die Lehren seltener aus dem praktischen Gedanken heraus entwickelt, als daß die verschiedenen über die Lehre bestehenden Theorien aufgesucht und zusammengestellt werden und aus ihnen dann für den Standpunkt des Entwurfs Auswahl getroffen wird. Oefters kann man deutlich erkennen, daß die Theorien des Entwurfs in der Luft stehen; d. h. daß man von den praktischen Lebenserscheinungen, auf welche sie sich beziehen, keine Anschauung hat.

Es liegt nahe, den Entwurf mit der größten zur Zeit in Deutschland geltenden Codification, mit dem preußischen Landrecht zu vergleichen. Das Landrecht hat gerade unter dem entgegengesetzten Fehler gelitten. Es wollte zu praktisch sein. Um dem Richter womöglich das Denken ganz zu ersparen, wollte es ihm für jeden einzelnen Fall die Entscheidung in den Mund legen. Daher die große Summe von Vorschriften, die überdies so gefaßt wurden, daß sie auch dem gemeinen Manne verständlich sein sollten. In dieser Verzettelung der Gedanken war es aber zu schwer, den leitenden wissenschaftlichen Faden festzuhalten. Deshalb konnte sich eine gesunde Rechtswissenschaft nicht daraus entwickeln. Hieran — auch abgesehen von den Täuschungen, die jede Codification als solche in sich trägt — ist das Landrecht in seinem Erfolge gescheitert. Diese äußere Methode des Landrechts hat nun der Entwurf gründlich, man kann wohl sagen zu gründlich, vermieden. Sehen wir aber auf den inneren Gehalt, so muß ich doch sagen, — ich bin ja kein landrechtlicher Jurist und stehe gewiß nicht in dem Verdacht, das Landrecht zu überschätzen — ich muß aber doch sagen, daß, soweit meine vergleichenden Studien reichen, das Landrecht in dem Sinne für materielle Gerechtigkeit weit höher steht.

Liest man im Landrechte, so hat man stets die wohlthuende Empfindung, daß ein Mann es geschrieben hat, der ein Herz für Recht hatte. Von einer solchen Empfindung wird man bei Lesen des Entwurfs und seiner Motive seltener berührt.

Eine eigenthümliche Seite des Gesetzeswerkes, die einigermaßen in das wirthschaftliche Gebiet einschlägt, verdient noch besonders hervorgehoben zu werden. Der Entwurf begünstigt vorwiegend die weitestgehenden Ansprüche. Zunächst werden fast alle Schranken hinweggeräumt, die im bisherigen Rechte dazu bestimmt waren, übertriebenen Ansprüchen entgegenzutreten. Die Anfechtbarkeit von Rechtsgeschäften wegen übermäßiger Verletzung (laesio enormis) ist beseitigt (Motive II S. 321). Die Vorschrift, daß Interesseforderungen nicht über das Doppelte der ausbedungenen Vertragsleistung hinausgehen sollen (l. un. C. de sententiis 7, 47) ist beseitigt (Motive II S. 19). Die Vorschrift, daß aufgewachsene Zinsen nicht über den Bestand des Kapitals hinaus (ultra alterum tantum) gefordert werden können, ist beseitigt (§ 358). Die Vorschrift, daß in gewissen Fällen bei Vollstreckung eines Urtheils dem Verklagten die Lebensnothdurft gelassen werden soll (beneficium competentiae), ist beseitigt (Motive II S. 298). Der Anspruch des Pachters auf Nachlaß am Pachtzins wegen Mißernte (remissio mercedis) ist beseitigt (§ 534). Andrerseits werden weitgehende Ansprüche in folgenden Richtungen eröffnet. Bei einer Sachbeschädigung soll nicht bloß der gemeine, sondern auch der außerordentliche Werth ersetzt werden (§ 220). Unter Umständen soll der Beschädigte auch einen Werth der Zukunft ersetzt verlangen können (§§ 715, 722). Nebenansprüche sollen nicht durch Annahme oder Einklagung der Hauptleistung verloren gehen, sondern stets nachgefordert werden können (Motive I S. 357). Bei Geldforderungen soll neben den Verzugszinsen auch noch eine Interesseforderung eingeklagt werden können (§ 249). Auch bei einer ausbedungenen Conventionalstrafe soll noch darüber hinaus eine Interesseforderung stattfinden (§ 420). Vertragsmäßige Zinsen sollen, sobald Verzug eintritt, auf den Betrag der Verzugszinsen sich erhöhen (§ 248). Der Schenker soll zwar keine Verzugszinsen zahlen, aber doch wegen Verzugs mit einer Interesseforderung belangt werden können (§ 445). Der Cedent soll, auch wenn er für die abgetretene Forderung nur ein Geringes erhalten hat, für deren rechtlichen Bestand mit dem ganzen Betrage der Forderung haften (§ 298). Die erschwerenden Bedingungen der condictio indebiti sind so abgeschwächt, daß verhältnismäßig leicht der Bestand einer bezahlten Forderung von Neuem in Frage gezogen werden kann. Auch die Bedingungen, unter welchen es gestattet sein soll, einen Miether zu vertreiben (§ 528), sowie der Grundsatz, daß der grundbuchmäßige Erwerb auch im Falle der Unentgeltlichkeit gegen Anfechtung des materiellen Eigenthümers geschützt sein soll (§ 837), schlagen in diese Richtung ein. Nun bin ich weit entfernt, zu jedem einzelnen der hier berührten Punkte der Entscheidung des Entwurfs mit einem absprechenden Urtheil gegenübertreten zu wollen. Aber in der Gesammtheit dieser Entscheidungen ist doch eine gewisse Tendenz nicht zu verkennen, die ich für keine glückliche halte. Man kann ja für manche dieser Entscheidungen anführen, daß in ihr ein Rechtsgedanke, den grundsätzlich Niemand bestreitet, bis zur vollen Consequenz durchgeführt sei. Es fragt sich nur, ob bei der Unvollkommenheit menschlicher Verhältnisse und der Schwäche menschlicher Erkenntnis es wohlgethan ist, jeden Rechtsgedanken bis auf die äußersten Consequenzen zu treiben. Es ist das eine Neigung, die man, wo sie auf politischem Gebiet auftritt, als Radicalismus zu bezeichnen pflegt. Meiner Ueberzeugung nach bewährt sich die Verwirklichung eines maßvollen Rechtes für das Leben weit wohlthätiger, als die durchgeführte Gewährung möglichst weitgehender Ansprüche. Durch diese wird der Reiz zum Hazardspiel des Processes vermehrt, die Gehässigkeit unter den Proceßführenden gesteigert und damit die Volksseele vergiftet.

Eine nicht glückliche Beigabe hat der Entwurf in den Motiven erhalten. Zwar wäre es unrecht, nicht das Verdienstliche derselben anzuerkennen. Schon in ihrem Umfange — sie umfassen in ihren fünf Bänden 4144 Druckseiten großen Formats — bekunden sie eine seltene Gründlichkeit der Bearbeitung. Eine reiche Fülle gesetzgeberischen Materials ist in ihnen angesammelt. Viele schätzenswerthe Ausführungen, die das Verständnis des Gesetzes wesentlich erleichtern, sind in ihnen enthalten. Aber sie enthalten doch auch Unklarheiten, Ungenauigkeiten und Irrungen mannigfachster Art. Mitunter gewähren sie den Einblick in eine so hochgradige juristische Verschrobenheit, daß man erstaunt sich fragt, ob denn diejenigen, die also geschrieben, die Männer seien, denen der hohe Beruf zu Theil geworden, Deutschlands bürgerliches Recht endgültig festzustellen. Auch ihre Sprache ist vielfach von der Art, daß, wenn die Gerichte sie sich zum Muster nehmen, sie nur dazu beitragen wird, die Justiz noch mehr dem Volksbewußtsein zu entfremden. Selbst in den besseren Theilen überragen sie nicht den Werth eines gewöhnlichen Lehrbuchs. Schon jetzt werden diese Motive durch die Autorität, die sie ihren Mißlehren verleihen, der Rechtswissenschaft namhaften Schaden bringen. Ist der Entwurf aber erst Gesetz geworden, so werden sie vor allem „den Geist der Rechtsordnung" bilden, aus welchem nach § 1 des Gesetzes die zu dessen Ergänzung dienenden Grundsätze sich ergeben sollen. Hundert Commentare werden ihren Inhalt bis auf den letzten Deut ausmünzen und unter das juristische Publikum verstreuen. Es ist gar nicht zu sagen, welche Summe unechter Wissenschaft dadurch in die Jurisprudenz hineingetragen werden wird. Und alle die schiefen Sätze und Theorien stehen dann für immer unabänderlich fest. Das wird ein schweres Schicksal für die deutsche Rechtswissenschaft sein. Schon unter dem Entwurf als Gesetz wird es ihr schwer werden, ein gesundes Leben fortzuführen. Unter der Herrschaft dieser Motive wird ihr das vollends unmöglich sein. Noch niemals aber ist aus dem Verfall der Rechtswissenschaft eine gute Rechtsprechung hervorgegangen.

Zum Schluß noch eine Bemerkung persönlicher Art. Dieser Aufsatz, so wie er vorsteht, war bereits vollendet und zum Drucke abgesandt, auch bis zum letzten Bogen gedruckt, als mir die Abhandlung von Gierke (erste Hälfte) über den nämlichen Gegenstand im jüngsten Hefte des Schmoller'schen Jahrbuches zu Gesicht kam. Wenn darin über manches, was ich nur andeutungsweise berührt habe, weit entschiedener sich ausgesprochen wird, so möge zur Erläuterung dienen, daß es mir von vornherein darum zu thun war, von meiner Beurtheilung jeden Schein der Gehässigkeit fern zu halten. Deshalb glaubte ich Mängel, welche mehr die Form als die Sache betreffen, auch wo ich sie übereinstimmend mit Gierke wahrnahm, minder betonen zu sollen. Eine Verschiedenheit zwischen uns mag allerdings darin liegen, daß meine Gedanken von dem, was überhaupt von einer Codification des Rechtes erwartet werden kann, minder hoch gehen.

www.ingramcontent.com/pod-product-compliance
Lightning Source LLC
LaVergne TN
LVHW042242300926
849161LV00003B/442